シリーズ 文化と言語使用 1

井出祥子・藤井洋子 監修

コミュニケーションのダイナミズム
自然発話データから

藤井洋子・高梨博子 編

ひつじ書房

シリーズ『文化と言語使用』刊行にあたって

　21世紀に入りかなりの年月が流れた現在、世界は不条理と不寛容がこれまでにない局面を迎えている。国際政治学者ハンチントンが冷戦構造後の世界を「文明の衝突」と予測してから20年が経つがその予測が当たっていないとは言えないように思われる。今、世界で求められているものは、異なる文明・文化の対立から異なる文明・文化の共存へと導く「共生の原理」であろう。そのためには、何よりも異文化理解の進化と深化が求められている。

　異なる世界観、価値観の背景には人々がそれぞれに築き上げてきた文化があり、その文化のインフラとなっているのが言語である。言語は、それを使う人々の共通認識と文化的慣習の涵養である。この認識は、「すべての文化は、それぞれの民族の母国語の体系の上に成り立つ」という三善晃の主張にも現れている。言語は文化と互いに影響を与え合う関係にあるのである。ここでいう文化とは、人々が日々の生活の中で共有している価値観および行動基盤としての思考様式のことである。

　文化のインフラとしての言語の探究は、少数の例外はあるもののこれまで十分であったとは言い難い。その理由の1つとして言語学・語用論研究が欧米の言語文化を基に構築された普遍とされる理論を所与のものとして取り入れてきたことが挙げられよう。一方で、和を重んじる文化では「あいづち」の多用がみられるというように文化と言語を直接関連させる考察もある。しかし、このような考察は循環論でしかなく、それだけでは異文化理解の架け橋に資するには不十分である。

　異文化理解に求められているものは、言語使用に反映された文化をその文化特有のものとするに留めず、抽象化してメタ概念を抽出して示すことである。メタ概念の一例として「わきまえ」があるが、これはユカテック・マヤ、モロッコ、韓国などの文化社会の言語使用の説明も可能にする。このことは、

西欧の言語文化を基に構築されスタンダードといわれてきた語用論理論を補完することになり、それが異文化理解の架け橋への道を拓くことになろう。

　たとえば、日本語の敬語や終助詞を始めとするモダリティ表現、複雑な人称詞の存在、主語なしの発話、頻繁なあいづちや繰り返しなどは、いずれも普遍的とされる理論で説明できる範囲を越えた言語現象であり、それこそが日本語の文化的特徴を示している。しかし、それを論理的に説明する原理がこれまで見えていない。それは、日本語の背後にある日本人の文化を説明する枠組みが見えていないからであろう。今こそ、近代科学のアプローチを包含しつつも、より大きな視野からのアプローチを模索する時がきている。西欧学問の前提の範囲に満足せず、非西欧の言語文化に伝統的に存在する思考も導入することで、どちらの文化にも偏ることなく異文化を捉えるバランスのとれた異文化理解が深まることであろう。

　現代の脳科学、生物学、生理学の最先端では近代科学の常識を覆す新しい常識を生んでいる。このような現実に鑑み、広く文化的視野を取り込んでこれまでの常識を超える真に普遍的な言語研究の枠組みへの希求は急務であると考える。

　『文化と言語使用』をテーマとする本シリーズでは、このようなビジョンのもと、言語研究の新しい地平を切り拓くことを目標にして企画された。本シリーズの論考は、言語の何がどのようになっているかに関しての分析と記述に留まらず、さらにもう一歩進めて「何故」という問いに対して説明を与えるべく複雑にからんだ要因を総合的に考察する試みである。そのようにして明らかにされる研究結果は、英語教育、日本語教育、異文化コミュニケーションの基礎知識に資するものとなろう。

　本シリーズが、研究者、教育者にとどまらず、広く一般の読者に対し、空も海もつながっているたった1つの地球の上で、異なる文明・文化の人々が相互に理解し合い、共生する道を示す道標となることを願っている。

平成 28 年 2 月

シリーズ監修　井出祥子　藤井洋子

まえがき

　コミュニケーションと一口に言ってもその意味は多岐にわたります。人間同士のコミュニケーションはもちろんですが、人間と動物とのコミュニケーション、動物同士のコミュニケーション、人間と環境とのコミュニケーションも異文化コミュニケーションという捉えかたで語ることができます。また、人間同士のコミュニケーションも、ことばによるものばかりではなく、視線、姿勢、身振り、頭の動き、顔の表情や、全身で表す相手への態度など、非言語でのコミュニケーションも重要な役割を果たし、近年特にマルチモーダルという観点から多くの研究がなされてきています。このようにコミュニケーションの手段は多岐にわたりますが、本書では主にことばによる人と人とのコミュニケーションに焦点をあて、コミュニケーションがもつダイナミックに共創する人と人とのつながりや喜び、想像を超えた展開への可能性の大きさを実証研究のもとに示していきます。

　本書は、2011年10月に日本女子大学文学部主催で開催した学術交流研究シンポジウム「コミュニケーションのダイナミズムと社会形成―自然発話データから」をもとに生まれたものです。それぞれの執筆者は、自然発話をデータとし、コミュニケーションが繰り広げられるローカルかつダイナミックな言語使用の場を観察し、コミュニケーションの多様性とダイナミックな創造性を提示しつつ、コミュニケーションのメカニズムを追究しています。

　本書収録の論文は、会話やインタビュー、課題達成談話などの自然発話を観察・分析し、そこで展開される言語実践を通して創出されることばの変化、参与者同士の感情の交換、遊びの共創、身体性との関わり、文化・社会的意識構造についての論考を展開しています。藤井論文では、日本人の相互行為とアメリカ人の相互行為の比較、および、日本語の人称詞における視点の移動を分析し、それらの言語実践、言語使用の根底にながれる社会文化的

構造について「場」の考えにより説明を試みています。盛岡論文では、会話の中で使用された日本語の指示詞を分析し、指示詞が従来の対象を指し示す「指示的機能」だけでなく、実際の相互行為の場における言語実践を通して、話者の感情や態度など、さまざまな要素を指標する役割を持つことを明らかにしています。鈴木論文では、主たる話し手の発話に対して聞き手が産出する反応の発話の中でも、特に「ある」「いる」という用言に由来する反応発話に着目し、形式・意味機能・通時的変化の観点から考察を加えています。熊谷論文では、調査として向けられたビデオカメラに対する1人の回答者の通常とは異なる行動が、他の参加者へ取り込まれ、展開していく様子を観察し、即興的に生まれた共感が参加者の同調や役割行動の変化に影響していく様子を考察しています。高梨論文では、会話の中で話し手たちが即興的な演技を楽しむ現象に着目し、特徴的な話し方や言葉遣いなどのミクロの会話構成要素が価値観や慣習などのマクロの社会的要素とも密接に繋がり、両者の間には相互関係や循環作用があると論じています。菅原論文では、人類学者としての著者が長年にわたるアフリカ狩猟採集民族の調査により引き出したグイの談話の分析を通し、言語的な相互行為を身体化という基盤から理解することを試みた言語人類学的アプローチを展開しています。それぞれの論考は、コミュニケーションの参与者たちの動きとともに瞬時に変化していく言語やそれにともなう遊び、笑い、言語使用の変遷、感情の交換などを観察・分析し、それらが私たちの意識の中にある知識や想像を遙かに超えた共創を生み、豊かな相互行為の産物であることを提示しています。また、それらの根底にある文化・社会的通念や規範、意識構造や論理構造が様々な形で映し出されていることを観ることができます。

　グローバル社会が叫ばれる現在、コミュニケーションの仕方も多様であり、それ故におこる摩擦もさまざまです。しかし、人間がことばをもつ存在である以上、人間の知恵とことばの力の可能性を人類の明るい未来につなげたいと強く願うものです。本書が、人と人とをつなぐコミュニケーションの限りない可能性と創造性の一端でも映し出すことができていればうれしく思います。

最後になりましたが、このような企画の意図をご理解くださり、出版を現実のものとしてくだったひつじ書房の松本功社長、緻密な編集作業を行ってくださった渡邉あゆみ氏ほか、刊行にあたりご尽力くださった多くのみなさまに心より感謝の意を表します。

平成 28 年 2 月
編者

目　次

シリーズ『文化と言語使用』刊行にあたって　　　　　　　　　iii
まえがき　　　　　　　　　　　　　　　　　　　　　　　　v

日本人のコミュニケーションにおける自己観と「場」
　―課題達成談話と人称詞転用の分析より―
　　藤井洋子 ……………………………………………………… 1

1. はじめに　　　　　　　　　　　　　　　　　　　　　　1
2. 課題達成のための言語コミュニケーション　　　　　　　1
　2.1　課題達成談話データ　　　　　　　　　　　　　　　2
　2.2　全体的特徴　　　　　　　　　　　　　　　　　　　2
3. 課題達成のための相互行為における言語的特徴　　　　　3
　3.1　アイデアの提案と意見の提示　　　　　　　　　　　3
　3.2　ストーリーの共同構築　　　　　　　　　　　　　　6
　3.3　言語文化による相互行為のあり方　　　　　　　　　8
4. 日本人とアメリカ人の相互行為における異なる自己観　　10
5. 自他融合的相互行為における言語実践―自称詞と対称詞　11
　5.1　日本語の親族呼称における視点の移動　　　　　　　12
　5.2　一人称詞の二人称詞への転用　　　　　　　　　　　14
　5.3　人称詞の変遷　　　　　　　　　　　　　　　　　　18
6. 日本人のコミュニケーションにおける自己観と「場」　　21
7. おわりに　　　　　　　　　　　　　　　　　　　　　　28

相互行為からみた指示詞と社会文化的コンテクスト
成岡恵子 ……………………………………………………… 39
1. はじめに　39
2. 日本語指示詞の先行研究　40
3. 相互行為における日本語指示詞の使用と社会文化的コンテクスト　41
　3.1　指示詞から指標される社会文化的コンテクスト　42
　3.2　相互行為の中の「これ・それ・あれ」「この・その・あの」　49
4. 機能的文法要素と社会文化的コンテクスト　55
5. おわりに　57

会話における動詞由来の反応表現
―「ある」と「いる」を中心に―
鈴木亮子 ……………………………………………………… 63
1. はじめに　63
2. データの概要　65
3. 「ある」と「いる」
　―存在動詞としての用法と反応表現としての用法　66
　3.1　「ある」　66
　3.2　「いる」　70
　3.3　動詞から反応表現へ
　　　―1990年代と2010年代の「ある」と「いる」　74
　3.4　まとめ　77
4. 存在の動詞から反応表現へ―まとめと今後の課題　78

面接調査談話における〈出演者〉のプレイ
熊谷智子 ……………………………………………………… 85
1. はじめに　85
2. 分析に用いる概念　85
3. データの概要　86
4. 面接調査にあらわれたプレイ　87
　4.1　回答者Bの録画に対する意識のあらわれ　88
　4.2　回答者Aと〈出演者〉のプレイ　91

  4.3 共感に伴う三者間での〈出演者〉のプレイ   95
 5．プレイの背景には何があるのか   99
  5.1 〈出演者〉のプレイと冗談のフレーム   99
  5.2 「視覚的提示」と「編集によるカット」   100
  5.3 行動パターンのくり返しと共感   101
 6．おわりに   103

遊び心での即興劇共演のダイナミズム
―スピーチスタイルの響鳴とそのメカニズムの分析―

   高梨博子 ……………………………………………… 105

 1．はじめに   105
 2．分析の主要概念   105
  2.1 会話における「遊び」   106
  2.2 フレーミングの概念   107
  2.3 「スピーチスタイル」の仮想的用法   107
 3．データと分析の手法   108
 4．スピーチスタイルの響鳴の分析   109
  4.1 同一人物像の共演   110
  4.2 相補的人物像の共演   118
 5．分析結果のまとめ   129
 6．メタメッセージによる「ミクロとマクロの融合」   130

土着概念をめぐる交渉
―狩猟採集民グイにおける言語人類学レッスン―

   菅原和孝 ……………………………………………… 139

 1．言語と身体化―理論的背景とフィールド   139
  1.1 コミュニケーションの力動と分野境界   139
  1.2 現成と構造的カップリング   140
  1.3 グイ・ブッシュマンの社会   141
 2．談話分析と背景知   142
  2.1 異文化における会話の分析   142
  2.2 言語学者との協同研究   143

2.3　談話理解の前提となる背景知　　　　　　　　　　　144
　3. 土着の概念への接近―キマをめぐって　　　　　　　　　146
　　3.1　異質な因果論　　　　　　　　　　　　　　　　　146
　　3.2　キマとは何か？　　　　　　　　　　　　　　　　147
　4. 談話分析に現れるキマ　　　　　　　　　　　　　　　　149
　　4.1　参与者の来歴と社会関係　　　　　　　　　　　　149
　　4.2　キマと呪詛　　　　　　　　　　　　　　　　　　150
　　4.3　食物タブーとの関連　　　　　　　　　　　　　　156
　　4.4　性的なタブーとの関連　　　　　　　　　　　　　160
　　4.5　相互行為の構造　　　　　　　　　　　　　　　　165
　5. コミュニケーションのダイナミズム―討論と結論　　　166
　　5.1　言語人類学レッスンから学んだこと　　　　　　　166
　　5.2　意味論的な探究の挫折　　　　　　　　　　　　　167
　　5.3　関係性の現成　　　　　　　　　　　　　　　　　168

　索引　　　　　　　　　　　　　　　　　　　　　　　　　173
　執筆者紹介　　　　　　　　　　　　　　　　　　　　　　179

日本人のコミュニケーションにおける自己観と「場」

―課題達成談話と人称詞転用の分析より―

藤井洋子

1. はじめに

　私たちは日々のコミュニケーションを通して、それがいかにダイナミックで創造性があるかということを実感している。1人では思いもよらないような考えに到達したり、笑いが生まれたり、場合によっては言い争いになったりと、コミュニケーションの場における相互行為はまさにダイナミックに展開する。そのダイナミックな相互行為を生みだすのは参与者とその参与者たちが共有する場そのものである。

　本稿では、まず、日本人とアメリカ人の課題達成談話における言語実践について実際に収録したデータを分析・考察した結果を示し、次に、これまでの研究や資料をもとに検討した日本語の呼称の問題を2つの視点から考察する。最後に、これらの異なる言語現象に通底する日本人のコミュニケーションにおける自己観について、さまざまな分野の論考を参照しつつ、「場」の考え方（清水 2000, 2009, 城戸 2003, 大塚 2011, Ide 2011, Fujii 2012, 藤井・金 2014）による新たな説明を試みたい。

2. 課題達成のための言語コミュニケーション

　日本語と英語のコミュニケーションについてはそれぞれの会話の方法を中心にこれまで多くの研究がなされてきた。日本語話者と英語話者の会話は、あいづち（水谷 1983, メイナード 1993, Clancy, Thompson, Suzuki and Tao

1996, Kita and Ide 2007, Kobayashi 2012 他）や話者交替（Sacks, Schegloff, and Jefferson 1974 他）、繰り返し（Tannen 1989, Machi 2007, 2009 他）など、さまざまな点で異なっており、このような会話の諸相についての相違は、日本語と英語において、話すことに関する背景としての文化が異なることに依るものであることもわかってきた。英語会話は情報伝達中心であり、話し手の発信を中心に展開されるのに対し、日本語会話は話し手と聞き手が共に会話を作り上げていき、聞き手の役割が重要であるとの指摘もされている（Norrick 2012, 井出 2013, 植野 2012 他）。「対話する言語文化」である英語のコミュニケーションと「共に語る言語文化」（水谷 1993, 井出 2014）である日本語のコミュニケーションの違いがもたらす結果でもある。本稿で示す日本人同士、アメリカ人同士のペアによる課題達成という共同作業（タスク）では、参与者たちは課題の完成を目指し、普通の会話以上にそれぞれの意見を述べ合う必要があり、目標達成のためには主張や意見の相違も克服しながら最終地点である課題完成へと進まなければならない。そのような中での相互行為の様態は、その場を舞台に交換される言語とその母語話者である参与者たちに刻印されている文化的、社会的背景がより明確に投影されると考えられる。以下、本研究の課題達成談話から分析結果を示していく。

2.1　課題達成談話データ

　分析で使用したデータは、ミスター・オー・コーパス[1]というデータベース中の課題達成(タスク)談話である。このデータでは、タスク参与者がことばのない 15 枚の絵カードを並べ替えて物語を作っていく。協力者はすべて女性であり、本稿では日本人 12 ペア、アメリカ人 11 ペアの学生同士のデータが対象である。

2.2　全体的特徴

　表 1 は日本人ペアとアメリカ人ペアの課題達成作業の全体像である。

表1　課題達成談話データの全体的特徴

	日本人ペア	アメリカ人ペア
ペアの数	12	11
平均所要時間（分）	7:00	7:29
平均のターン数	90	73
平均のターンの長さ（秒）	4.7	6.2

　この結果から、日本人ペアはアメリカ人ペアよりも短時間で作業を終えているが（7:00分：7:29分）、その中での話者交替は日本人ペアの方がアメリカ人ペアよりも多く（90回：73回）、その結果として、1人の話者のターンの長さはアメリカ人ペアよりもかなり短くなっている（4.7秒：6.2秒）ことがわかる。

3.　課題達成のための相互行為における言語的特徴

　タスク参与者が物語を完成させるまでの実質的な発話[2]は、日本人ペアもアメリカ人ペアも、アイデアの提案や意見の提示から始まり、その後、物語を共同で構築するための発話という2種類に大別できる。そこで、1)物語についてのアイデアの提案や意見の提示と、2)物語の筋を共同で構築している過程の発話がそれぞれどのような言語的特徴から成り立っているのかを分析した[3]。

3.1　アイデアの提案と意見の提示

　この課題達成談話において、日本語においても英語においても、物語の筋についてのアイデアの提案と意見の提示は、1)陳述文、2)緩和表現を伴う陳述文、3)陳述形式による疑問文、4)それぞれの言語における疑問文、の4種類の言語形式によってなされていた。これらの中で、英語では陳述文と緩和表現を伴う陳述文（上記(1)(2)）が多く用いられ、英語と日本語と同程度の頻度で陳述形式による疑問文（上記(3)）が現れ、日本語では陳述形式による疑問文も含めた疑問形式（上記(3)(4)）が多く用いられていることがわ

かった。

　アメリカ人参与者間で多く用いられていた陳述文および緩和表現を伴う陳述文は以下のようなものである。

(1)　See, he jumps across the—he makes it across the cliff.　　　[E18 10]
(2)　Um ... oh, <u>maybe</u>—okey, look, he's standing ... sees the cliff, is like "What do I do?", so he goes back to get people, <u>maybe</u>.　　　[E20 46]

(1)は陳述文、(2)は緩和表現を伴う陳述文の例である。いずれも、絵カードを見ながら物語の筋についての考えを述べているものである。陳述文での発話は、アメリカ人ペアの方が日本人ペアより約1.6倍多く使用していた。また、英語で緩和表現を用いている場合には、'I think ...', 'maybe', 'something like that', 'look like ...', 'It seems ...' などの表現が用いられており、日本語では、「これで飛べないかなみたいな」([J24 124])で見られるように「みたい」、「もしかして」、「かもしれない」、「…かなあ」、「…けど」などの表現が現れていた。このような発話は、アメリカ人ペアによるものが日本人ペアよりも約4.4倍多く見られた。

　次に、アメリカ人ペアにも日本人ペアにも同じような頻度で見られた形式として、上昇イントネーションを伴う陳述文がある。

(3)　And which one of these had a little ... this one? ... <u>he falls and it killed him?</u>　　　[E06 20–21]
(4)　二人が話して、こうしたってすれば？　　　[J08 92]

このような言語形式では、話者は疑問文のように発話を上昇イントネーションで終わらせることにより、聞き手からの何らかのフィードバックを求めていることがわかる。

　次に、日本人ペアに非常に多かった言語形式として、さまざまな疑問の形式があった。疑問形は言語によって異なるが、本稿では、英語の疑問文とし

て、否定疑問文、付加疑問文、平叙文 + right? を対象とし、日本語において
は、発話の末尾に「か？」「かな？」「でしょ？」「ね？」を伴い上昇イントネー
ションで発話されているものや、「じゃない？」などの否定疑問形で発話され
ている言語形式を対象とした。

(5)　Okay, so before this one then, he should be alone, right?　　[E16 48]
(6)　え、これでぶよーんてやって飛んで、着地でしょ？　　[J24 47]

これらの疑問形の使用頻度は、日本人ペアがアメリカ人ペアの約 1.4 倍多く
出現していた。このような言語形式は、冒頭の陳述文と異なり、共同作業を
行っている参与者からの賛同や合意、確認などをより積極的に引き出すため
に機能しているものであり、参与者同士の共同作業をより意識した言語形式
であるといえる。
　このような結果から、日本語と英語のそれぞれにおいて、合意形成過程の
第一歩である提案と意見の提示のための方法には一定の傾向があることがわ
かる。日本語では、主に相手に問いかける形の疑問形式を多用し、自分の提
案に対する相手からの賛成や同意、確認、あるいは不同意などの反応を引き
出しながら作業を進めている。一方、英語では、日本語のように頻繁に相手
からの反応を求めるのではなく、緩和表現を伴うか[4]、あるいは伴わない形
での陳述文を用いてアイデアの提案や意見の提示を行っていることが観察で
きた。言い換えると、日本人はより頻繁に相手の反応を引き出し、確認しな
がら課題達成のための作業を行っており、アメリカ人は共同作業の相手から
の反応を引き出すような方法はとらずに、より直接的な言語表現で提案や意
見を述べていることが明らかであった。日本人とアメリカ人がアイデアの提
案や意見の提示において用いた言語形式とその直接性との相関は以下のよう

図 1　アイデアの提案や意見の提示の言語形式と直接性の相関

に示すことができる。

3.2　ストーリーの共同構築

　アイデアの提案や意見の提示により示された物語構築の糸口は、より具体的で整合性のあるストーリーラインの構築に向けて進んでいく。この段階で観察された言語現象は、これまで以上にそれぞれの言語文化による参与者同士のインターアクションの特徴が映し出されていた。特徴的だったのは、物語を共同構築していく過程において、参与者同士の言語形態も共同構築されていくという現象が見られたことであった。それらの言語形態の特徴とは、1）1つの命題を参与者2人で共同構築する（co-construction）、2）2人の話し手がリレーのように複数の命題を繋げていく（リレー発話）、3）一方が一方の言ったことを繰り返しながら進めていく（繰り返し）、4）参与者2人が同時に同じことを語る（同内容同時発話）というものであった。このような現象は、特に参与者同士の協力的な姿勢と合意状態を端的に物語るものである。分析の結果、これらのどの言語形態においても日本人の方がアメリカ人の使用頻度を上回っており、とくに上記3）と4）においては、大きな差が認められた。これらの中で比較的頻度の差が小さかったものは、1）の、いわゆるco-construction（Hayashi and Mori 1998, Ferrara 1992, 水谷 1983 他）と呼ばれる以下のようなものである。

(7)　　R:　Um ... where does — okay, where does this — oh, okay, the little guy
　　　　　goes, so he goes back to get ...
　　　　L:　Big guy.　　　　　　　　　　　　　　　　　　　　[E20 65–66]
(8)　　L:　自分も　=
　　　　R:　　　　　=同じようにやってみようとして　　　　[J08 107–108]

　日本人ペアとアメリカ人ペアを比較すると、日本人ペアはアメリカ人ペアの約1.3倍の頻度でこの現象が見られた。さらに、日本人12ペアのうち10ペアにこの共同構築が見られたのに対して、アメリカ人は11ペア中5ペアし

か見られなかった。
　2)のリレー発話については、日本人ペアの頻度がアメリカ人ペアに比べて約1.9倍となっていた。

(9)　R: 会って、あ、でも崖か、会って、崖まで来て　=
　　　L:　　　　　　　　　　　　　　　　　　　　=あ [、で、それ
　　　　会って話しかけて
　　　R:　　　　　　　　　　　　　　　　　　[あ、あ、で、
　　　　乗れよって言って、つぶされて、飛んで終わりか　　[J06 99–101]
(10)　R: He—her—he bounces, cuz look, doesn't it look like he's bouncing over? =
　　　L:　　　=(o)ver him. And then he's the only one that's able to go　=
　　　R:　　　　　　　　　　　　　　　　　　　　　　　　　　　=And
　　　　he still can't get over.　　　　　　　　　　　　　[E22 49–52]

1)の1つの命題を2人で完成させるというパターンと合わせると、日本人ペアにはこれらの言語行動が多く、物語の筋を構築する際に言語的にも命題を2人で共同構築しながら完成へと導いていることがわかる。
　さらに、3)繰り返し(以下(11))、4)同内容同時発話(以下(12))という現象は圧倒的に日本人ペアに多く見られた。

(11)　L: 会ってー
　　　R: (0.2) あっ、とこれ会ってー
　　　　[2.0]
　　　L: でー、さそう？
　　　R: さそっ、てー　　　　　　　　　　　　　　　　　　[J16 61–64]
(12)　R: で、踏まれて　=
　　　L:　　　　　　=踏まれて、[飛んで、着地
　　　R:　　　　　　　　　　　[飛んで、着地して、それで、自分も

```
L: 自分も、やりたい [な
R:            [やりたい [と思って
L:                   [て思って          [J10 84–91]
```

繰り返しは日本人ペアにアメリカ人ペアの 2.4 倍の頻度で観察された。加えて、日本人ペアはどのペアも繰り返しの発話が見られるが、アメリカ人ペアは 11 組中 4 組は繰り返しを全く行っていなかった[5]。繰り返しに関するこれまでの研究 (Tannen 1989, Johnstone 2002, Machi 2007, 2009 他) では、英語の発話での繰り返しは必ずしも肯定的に捉えられているわけではなく、創造性や独創性、個性がないと、否定的に捉えられることが多かったことからもこの結果は説明がつくものである。一方、日本語において、繰り返しは会話をスムースに運ぶための重要な要素であり、会話参与者を結びつけ、参与者同士の人間関係や共有する世界を創造するものであり、協調の姿勢の表れである (Machi 2007, 2009) と受け取られることから、冒頭に述べたような「共に語る言語文化」を象徴しているような言語行動であるといえる。また、(12) では、両者の同調性がより一層わかる言語現象として、2 人の参与者が殆ど同時に同じことを発話しているということがわかる。特に、ここでは 2 人が同時に同じことを発話していながら、2 人の発話がリレー発話にもなっている。このような現象は、日本人ペアにおいてアメリカ人ペアの約 4.2 倍多く観察された。その分布でも日本人ペアは 11 ペア中 10 ペアでこの現象が見られたが、アメリカ人ペアは 4 ペアのみだった。この結果から、日本人ペアは 2 人の参与者がお互いの考えに同調し、共鳴しながら合意形成を行っていると捉えられる。日本人の参与者にとってこのような相互行為のあり方は、共に課題を達成していくために重要な合意形成のプロセスであるといえるだろう。

3.3 言語文化による相互行為のあり方

これまでの分析により、日本人とアメリカ人の課題達成に至るまでの言語行動には大きな異なりがあることが観察され、それぞれの言語文化における

相互行為のあり方の違いが明らかになった。次の図1、図2は、アメリカ人、日本人の言語行動の特徴をペアごとに表したものである。それぞれの図にお

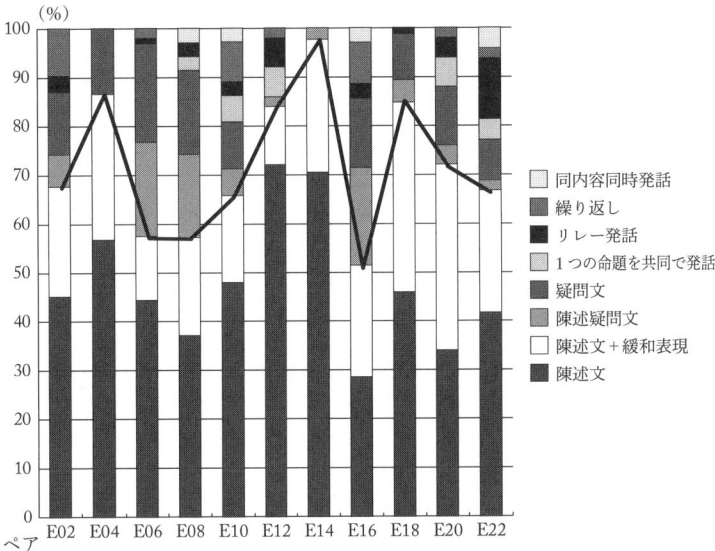

図1　課題達成までのアメリカ人ペアの言語的特徴

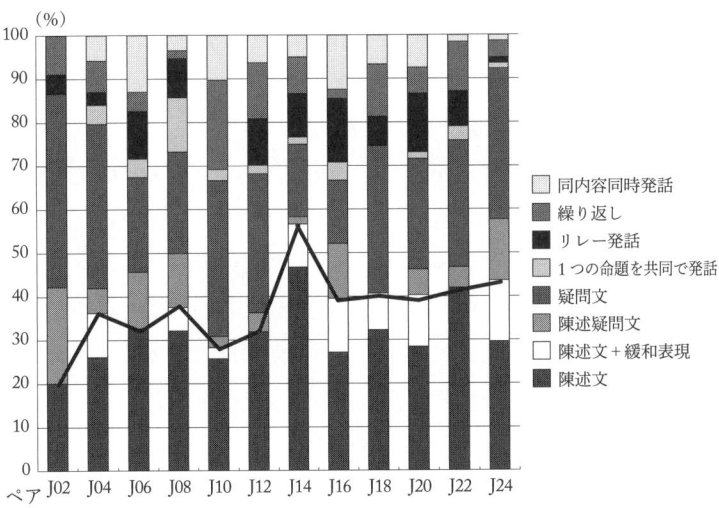

図2　課題達成までの日本人ペアの言語的特徴

いて、黒い線から下は陳述文、あるいは緩和表現を伴った陳述文であり、主に自分の意見を述べることを目的とする言語形式を示しており、黒い線から上は相手からの反応を引き出すような言語形式を示している。

　それによれば、アメリカ人はより直接性の高い言語形式を用い、アイデアの提案や意見の提示を行っており、特に相手からの反対意見がなければ受け入れられたものとして先に進み[6]、相互行為は自分の意見の表出ということに重きが置かれている。その結果、1人の話す時間は日本人ペアよりも長く、話す内容が完結しなければ話者交替は起こりにくいため、話者交替は日本人ペアほど頻繁ではない(表1参照)。一方、日本人は多くの疑問形によって相手からの賛同や確認など、何らかのフィードバックを求めながら、それぞれの反応を確かめつつ作業を進め、さらに、リレー発話、繰り返し、同内容同時発話のような共同的な言語表現を行いながら、2人が協調して1つの思考を構築するかのように共鳴しつつ、相互一致的に作業を進めていることがわかる。その結果、話者交替は頻繁になり、1人の話者の発話時間は短くなる(表1参照)。

4. 日本人とアメリカ人の相互行為における異なる自己観

　課題達成の相互行為では、意見の交換を通し、共通の目的に向かって作業を進めていく。その過程において参与者が意見の異なりをどのように調整し、共に最終目標に到達するかは、何気ない会話よりもより切実な問題として迫ってくる。この条件下で見られた日本人とアメリカ人の相互行為の異なりは、それぞれの言語文化の参与者がお互いにどのように向き合っているのかということをより如実に映し出しているといえる。つまり、ここまでの分析で明らかになった日本人とアメリカ人の課題達成のための言語実践の異なりは、それぞれの言語文化の相互行為における自己と他者のあり方の違いを浮き彫りにしているといえるだろう(Fujii 2012, 藤井・金 2014)。アメリカ人は、自己と他者、自分と相手は、確固たる個対個として対峙し、自己と他者が独立した存在としてそれぞれの考えを主張している。一方、日本人は自

己が他者と共鳴し、自他融合的とも言えるような関わりをもちながら共に1つの考えを構築していく。相互行為におけるこのような日本人の自他融合的な自己と他者の位置づけを象徴的に表している言語実践として、次に日本語の自称詞、対称詞の変遷を取り上げて見ていきたい。

5. 自他融合的相互行為における言語実践―自称詞と対称詞

相互行為における自己と他者の位置づけは、その相互行為の参与者の言語行動に直接的に反映される。このような言語行動としてどのような言語であっても行われることに、お互いを呼び合うということがある。お互いをどのように呼び合うかということは、文化・社会を背景とした相互行為の中から共創され、社会と共に変化する場合もある。英語では、自分は常に'I'と称し、聞き手を'you'と呼ぶ。話し手が交替すれば交替した話し手が自分を'I'と称し、聞き手となった元の話し手を'you'と呼ぶ。つまり、相互行為における自称と対称は常に一定であり相称的である。このことは、英語話者の相互行為が個対個の対峙で自己と他者を位置づけることと一貫するといえるだろう。一方、自他融合的言語実践が観察された日本人の自己と他者の呼び方についてはどのようなことが観察されるだろうか。

人が人をどう呼ぶか。あまりに日常的なこと故、気に留めていないことも多い。だが、実際には生活の中でどのように人を呼んでよいか迷うという経験を多くの日本人がしているのではないだろうか。「あの～、ちょっと…」とか「すみませんが、…」などと言って呼ぶことを避けることも多い。人の呼び方に迷うというのは、多くの選択肢の中から呼び方を選ばなければならないからだといえよう[7]。日本語では、西洋語と異なり、人称詞だけではなく親族名称や職名、固有名詞などを用いることも多い[8]。それらの中からその場に相応しい呼び方を選択するということは、その時、その場において相手を自分との関係、あるいはその場にいる者達との関係で適切な位置づけをしなければならないということでもある。それと同時に、お互いがどのようにその場を創り出そうとしているかを表すことにもなり、自己と他者をそ

の場に相応しく規定する方法でもある。そこで、以下では日本語の呼称における 1)視点の移動、2)一人称詞の二人称詞[9]への転用という2つの特徴を示し、それらが日本語の相互行為における自己と他者の位置づけの方法と深く関わっているのではないかという考察を行っていく。

5.1　日本語の親族呼称における視点の移動

　日本語の呼称には、いわゆる人称詞、親族名称、職名を表すことば、固有名詞などが用いられる[10]。本稿ではまず、日本語に特徴的だと思われる親族名称における視点の移動(鈴木 1973: 158)について取り上げていきたい。

　日本語では妻が夫を「おとうさん」「パパ」と呼んだり、自分の子どもの友達に、「おかあさん、元気？」と話しかけたりする。また、迷子になって泣いている子供を見つけたとき、「どうしたの、おねえちゃんのお名前は？おかあさんはどこに行ったの。」と話しかけることはよくあることだ。迷子の子供を「おねえちゃん」と呼んでも、また、その子の母親を「おかあさん」と言っても誰もおかしいとは思わない[11]。しかし、この場合の「おねえちゃん」の用い方は、呼称の基本的用法から逸脱したものである。つまり、基本的用法において、兄弟姉妹の下の子が兄や姉に「おにいちゃん」「おねえちゃん」という親族名称で呼ぶことはできても、年上の者から年下の者に向かって親族名称で呼ぶことはできないということに反している。しかし、実は、家族内ではこのような呼び方で目下の者を呼ぶことが頻繁に行われている。例えば、食卓を囲んでの夕食時、母親が上の娘に向かって「おねえちゃん、今日は学校どうだった。」と尋ねる。この場合には、例えその場にその下の子供がいなくとも、上の娘に向かって「おねえちゃん」と呼ぶことができる。自分の子供でも一番下の子の視点に立って上の子を「おねえちゃん」と呼んでいることになる。また、子どもを「おにいちゃん」「おねえちゃん」と呼んでいる母親が、自分の母親を「おかあさん」とは言わずに「おばあちゃん」と呼ぶ。これは、自分の子供の視点にたって、自分の母親を呼んでいることになる。このような親族名称の使用の例として、鈴木(1973: 167)は以下のような非常に興味深いエピソードを紹介している。ある時、電車が駅に

つき大勢の乗客の入れ替わりがあった。多くの人の動きの中、ある老婦人が自分の隣の席を叩きながら、「ママ、ここにいらっしゃい」と叫んだそうだ。すると乗客の中から赤ん坊を抱いた若い娘が現れて老婦人の隣に座ったという。つまり、ここでは、赤ん坊の母親をその母親が「ママ」と呼んでいることになる。要するに、この老婦人は孫である赤ん坊の視点に立って自分の娘を「ママ」と呼んでいることになる。そして、迷子の例に見られる「どうしたの、おねえちゃんのお名前は？　おかあさんはどこに行ったの。」は、これまで述べてきたような親族名称の用い方を自分の子どもではない子にも用いているといえる。特に、この迷子に下の妹弟がいるかどうかに関わらず、下の妹弟がいることを想定してその妹弟の視点に立って「おねえちゃん」と呼んでいることは非常に特徴的だと言える。それと同時に、すぐあとには、その迷子の子の視点に立って「おかあさん」と呼んでいることになる。これらは日本人の感覚からするとさほど驚くことではないが、西洋人からすれば何が何だかわからない現象といえる。つまり、日本語で誰を中心に、誰の視点で親族名称が用いられているのかということは、西洋人から見ればかなり複雑なことであり、理解に苦しむことになる[12]。

　これらの例で見られるような視点の移動現象を鈴木 (1973: 168) は、共感的同一化 (empathetic identification) と呼んでいる。つまり、夫のことを「パパ」と呼び、自分の親のことを「おばあちゃん」と呼ぶのは、心理的に子供の立場に同調するからであり、子供の立場に自分の立場を同一化しているというわけだ[13]。前述の老婦人の例も、最年少者である孫に心理的に同調し、孫との共感的同一化を行っているといえる。このようなことを、鈴木 (1973) は、「話し手は最年少者と共感的同一化を図る」と指摘している。それは、その場にいない最年少者にも、また、本当の親族関係でない相手を呼ぶときにも同様なのだ。このような日本語の自称・対称における親族名称の用い方の究極的な特徴を挙げるならば、誰かの視点と自己同一化を図り、その視点で人を呼ぶことができるといえる。それは、確固たる自分を中心に、いつも自称詞・対称詞が決まってくる西洋語とは本質的に異なっている[14]。そして、自己同一化を図る相手は、目下の者、あるいは最年少者である。それが、

時には相手であったり、更には、その場に存在しない、想定された人であったりするということだ。ここにみる他者との自己同一化は、日本人の相互行為に見られる自他融合的な自己と他者の位置づけの言語実践の一例といえるだろう。

5.2　一人称詞の二人称詞への転用

次に、呼称における自他融合的な現象として、一人称詞の二人称詞への転用を取り上げる。日本語の長い歴史の中で、一人称詞が自称、対称両方に使われてきたという現象が観察される。ここでは、「こなた」[15]「われ」「なんじ」「てまえ」「おれ」を概観していく。

人称詞としての「こなた」の自称・対称の用法は、平安時代に現れている（『日本語源大辞典』2005）[16]。以下は、その後の室町時代の作品の中で現れている「こなた」を示す[17]。

(13)　そなたは思い寄らずとも、こなたは思い寄りて候

　　　　　　　（『伽・弁慶物語』室町時代）（『岩波　古語辞典』1982)
(14)　こなたの(語る)平家は人がほめまらする程に、私もうれしうござる
　（『虎明本狂言集』14世紀から16世紀での出現）（『岩波　古語辞典』1982)

(13)では、二人称詞の「そなた」に対し、「こなた」は一人称詞となっている。また、(14)の「こなたの(語る)平家は」は、「あなたの語る平家は」の意味であり、二人称詞として用いられている[18]。もともと指示代名詞の「こなた」は、話し手に比較的近い人やものを指すというものだったが、その後、一人称を指すようになり、のちに二人称を表すようになった。上記に見られるような室町時代の二人称詞としての「こなた」は、「そち」「そなた」より敬意が濃かったが、時代が下がるにつれ、敬意が薄れ[19]、「あなた」がこれに代わったという（『岩波 古語辞典』1982）。しかし、いずれにしても、同時代に「こなた」は一人称詞としても二人称詞としても用いられていたことになる。

「われ」は、古代は「わ（吾）」であり、自称の代名詞として用いられた。「われ」は、この「わ」に接尾語の「れ」が付いたものである（『日本語源大辞典』2005、堀井『語源大辞典』1990）。一人称詞の「われ」は上代からみられ、中世以降に二人称詞として「おまえ」の意味で目下や身分の低い者に用い、後には相手を卑しめても用いた（堀井『日常語の意味変化辞典』2003）。

(15) そなたとわれほど、にあふたつれはおりない
　　　　　　（『虎明本狂言集』）（『時代別国語大辞典室町時代編五』2001）
(16) われは京の人か、いづこへおわするぞと問へば
　　　　　　　　　　　（『宇治拾遺物語』）（『岩波　古語辞典』1982）
(17) イソボがいうには「われは人間でござる」シャント怪しういわるるは、「われにそれをば問わぬ…」
　　　　　　　　　　　（『天草伊曽保物語』1593）（Shibasaki 2005）

(15)の「われ」は一人称詞として、(16)は、二人称詞として「おまえ」の意味で用いられている。また、(17)では、1つの物語の一文の中に、一人称詞としての「われ」（前出）と二人称詞としての「われ」（後出）が同時に出現しているのがわかる。

「な」「なれ」「なんじ」などもまた、一人称詞、二人称詞として用いられた。もとは「汝」の中国音から来ているという説や、朝鮮語 na（己）と同源という説などがあるが（『日本語源大辞典』2005）、一人称詞として用いられ、その後、二人称詞として用いられるようになったと思われる。

(18) なが心から鈍（おそ）やこの君　（万葉集巻第1741 高橋虫麻呂の歌）[20]
　　　　　　　　　　　　　　　　　　　　　　（『岩波　古語辞典』1982）
(19) ほととぎす、なが鳴く里のあまたあれば　なほうとまれぬ思ふものから
　　　　　　　（詠み人知らず『古今和歌集』）（『岩波　古語辞典』1982）

(18)は、「不老不死の仙境に住んでいることができたのに、自分の心からと

はいえ愚かであるよ、この人は。」の意。浦島太郎の伝説の最も古いものの1つといわれる。この「なが心」は「わが心」の意味であり、ここでは自称の「な」として用いられている。また、(19)の歌は、「ほととぎすよ、お前が行って鳴く里が多いものだから、私はお前を愛してはいるけれど、自然といやになってくるよ」と、相手の浮気心をほととぎすにたとえて詠んだものである。ここでの「なが鳴く里」とは「おまえが鳴く里」の意味であり二人称詞となっている。「な」は、奈良時代には一般に二人称詞として使われ、現在の「あなた」に対する「おまえ」のような意味合いで使われており、呼びかけの対象が動植物であることも多かったようだ。また、「なんじ」は、古くは相手を尊敬して呼んだ語と推定されるが、奈良時代以降、対等またはそれ以下の相手に対して用いられ、中世以降は目下の者に対するもっとも一般的な代名詞として用いられた（『日本語源大辞典』2005）。

「てまえ」は、一人称詞としては室町時代から用いられ、もともと「自分の手の前」の意から、「こちら」の意味になり、そこから転じて、「私」「自分」を謙遜して言うときに用いられた。一方、二人称詞としての使用は江戸時代からである。二人称詞となり、目下の相手を指すこともあった（堀井『日常語の意味変化辞典』2003: 177）。

(20)　テマエニカネガナイホドニカセラレイ

(『日葡辞書』)(『岩波　古語辞典』1982)

(21)　てまへの居城、随分堅固に相守り申さるべし

(『浅井三代記』)(『岩波　古語辞典』1982)

(20)は、「自分に金がないので貸してくれ」という意味であり、「テマエ」は一人称詞として用いられているが、(21)では、「おまえの居城」という意味であり、二人称詞として用いられていることがわかる。

最後に、これまでとは逆に、本来二人称詞であったものが一人称詞として用いられるようになった例として「おれ」を挙げる。二人称詞としての「おれ」は上代から中古にかけて主に用いられた。また、奈良時代から平安時

代には、下位者に対して、または相手を罵り軽蔑して言った(堀井『日常語の意味変化辞典』2003)。一方、一人称詞としての「おれ」は、中世以降に使われるようになり、特に近世以降多用され、貴賤男女の別なく用いられたが、近世の後半期頃から女性の使用が絶えた。同等もしくは目下に対する使用例が多いが、目上に対する用例もあり、江戸期までは現代語のように特にくだけたことばとはいえなかったようである(『日本語源大辞典』2005)。

(22) ほととぎす、おれ鳴きてこそ我は田植うれ

(『枕草子』)(『岩波 古語辞典』1982)
(23) おれとわごりょは好い仲ながら

(『宗安小歌集』)(『岩波 古語辞典』1982)

(22)の「おれ」は、二人称詞として用いられており、(23)の「おれ」は一人称詞として用いられている。

表2はこのように一人称詞が二人称詞へと変化した人称詞と時代的な推移を示している。

表2 一人称詞・二人称詞の通時的推移

(Shibasaki 2005: 173 より[21]。著者により翻訳、一部改訂)

例	指示原形	拡張指示	大体の時期
わ	一人称	二人称	上代
われ	一人称	二人称	上代～近世(19c後半)
わがみ	一人称	二人称	中世(13c)～近世(19c後半)
てまえ	一人称	二人称	近世(17c)～現代
ぼく	一人称	二人称	近世(17c)～現代

ここに見られるように、日本語においては一人称詞が二人称詞として用いられるようになるという現象は、上代から現代に至るまで続いていることになる。以下には、方言も含めた現代日本語における例を示す(橋本 2005)。

(24) 自分がやりました。

(25)　<u>自分</u>、今、なに言うたん？　　　　　　　　　　（現代関西方言）
(26)　<u>われ</u>は海の子　白波のさわぐ磯辺の松原に

（文部省唱歌「われは海の子」より）

(27)　<u>われ</u>は、なにしとるん。　　　　　　　　　　（現代関西方言[22]）

(28)　<u>おのれ</u>のことをよく考えてみます。
(29)　<u>おのれ</u>、よくも言ったなあ。

それぞれ(24)(26)(28)は一人称詞として用いられており、(25)(27)(29)は二人称詞として用いられていることがわかる。

5.3　人称詞の変遷

　ここではまず、このような人称詞の転用ともいえる現象を考える前に、日本語の一人称詞と二人称詞のもつ本来的な意味と変遷をみていきたい。日本語の一人称詞の歴史的変遷については佐久間に遡るが（鈴木1973）、それによれば、話し手が自分を指す代名詞はどれも最初は自分を卑下するところから始まるが、長く使われるうちに相手に対して尊大に構える態度を表すようになり、最終的には相手を見下すときにだけ使えることばに変化し、一般の使用から脱落していくという。例えば、「僕」は徳川期には「あなたのしもべ」という意味で自分を卑下することばとして用いられたが、明治期になり口語として広まり、のちに頻繁に使われるようになった結果、百年以上経った今では、目上の人に対する時や改まった場合には使わない方がよいとされるようになった（鈴木1973: 142）。つまり、そこには本来あった自己を卑下する意味合いや謙虚さという意味合いは見られなくなり、正式な一人称詞として相応しくないという取り扱いに変わったということだ。一方、二人称詞については、一人称詞とは反対に、相手を敬うようなことばとして使われ始めるが、頻繁に使用されるようになるにつれ、相手を低くみることばとなり、ついには相手を罵り、いやしめるときや、極めて親しい間柄でのみに許されるぞんざいなものになってしまう（鈴木1973: 144）。その例としては「て

まえ」や「きさま」などが挙げられる。

　このように見てくると、数多くの人称詞とその存在期間の短さという歴史的変遷は、相互行為における自己謙譲と相手への尊敬の念という精神に加え、使用頻度の増加によるそれらの意味合いの低下というメカニズムが働く結果として、これまでに多くの人称詞が生まれ、また消えていったということがいえるだろう。Barke and Uehara (2005: 306–307) も、日本語の人称詞は謙譲と尊敬という丁寧さのレベル (politeness levels) の変化を起こし易く、その方向性は常に丁寧さの度合いの低下であり、高くなるということにはならなかった。そして、丁寧さの度合いが低下する度に新しい二人称詞が生まれてきたと報告している。このような日本語の人称詞の入れ替わりの速さについて、鈴木 (1973: 145) は、タブー型変化だと指摘している。つまり、もともと日本語では、会話の中でできるだけ相手を呼ぶことを避けるため、英語や西欧語のような話し手、聞き手を表すことばを本質的に持たず、相互行為において相手を呼ばなければならないというときには、そのタブーを補うためにいわば仕方なく相手を呼ぶ人称詞を使うことになる。使われ始めた人称詞は、使用頻度が高くなるにつれその価値を失い、それに取って代わる呼び方が新たに生まれるということを繰り返してきたということだ[23]。

　では、一人称詞の二人称詞への転用にはどのようなメカニズムが働いているのだろうか。前述したように、「こなた」はもともと一人称詞であったが、後に二人称も表すようになった。最初は、二人称の「そち」「そなた」より敬意が高かったが、時代が下がるにつれ敬意が薄れたとある。「こなた」「われ」が二人称として使われ始めたころは、「こなた様」「われ様」のように接尾語がつき、敬意を表すものであったようだ。また、「てまえ」も「おてまえ」、「自分」は「ご自分」というように、二人称詞で使われ始めたころは相手への敬意を表していたようだが、使用頻度が高くなるにつれ、相手への敬意は失われ、「お」や「ご」のような丁寧さを表す接頭語や接尾語「さま」が落ち、相手を下に見る場合、あるいは相手が目下の場合にのみ使われる二人称詞に変化していったと思われる。このことは前述した日本語の人称詞の変遷のメカニズムと一貫するといえるだろう。一人称詞は謙遜や卑下を表す

ものとして始まるが、使用頻度が高くなれば尊大な意味合いが強くなり次第に使用されなくなる。二人称詞は相手への尊敬を表すように始まるが、使用頻度が高くなるにつれて丁寧さの度合いが下がり、次第に軽蔑や侮蔑を表すようになる。一人称詞が二人称詞に使われる場合も最初は本来の一人称詞に「お」や「ご」、「さま」という丁寧さを表す接頭語や接尾語をつけて二人称詞として丁寧さを表すが、使用頻度が高くなるにつれてそれらが脱落し、目下に対して使用されたり、相手を見下すときに使用されるようになり、場合によっては、反感や怒りを表すようにもなる。

　そもそもなぜ一人称詞が二人称詞として使われるようになるのだろうか。ここで、第4節と第5節でみた日本人の相互行為における自他融合的な自己と他者の捉え方に戻ってみよう。これまで見た親族名称の使用における視点の移動にも、一人称詞の二人称詞への転用にも共通して言えることは、話し手が聞き手の視点をとる、あるいは聞き手の立場と自己同一化をしているということだ。このことはつまり相互行為において自己と他者を自他融合的に位置づけるということと無関係ではないだろう。日本語における呼称は、親族名称や職名のように家族や社会における自己と他者の役割を規定した上で使われること、一人称詞、二人称詞の変遷に見られるような尊敬、謙遜、卑下などを伴いながら自己と他者を位置づけていくことが特徴的といえるだろう。このことは、話し手である自己は常に 'I' であり、聞き手は 'you' であるという英語とは大きく異なるといえる[24]。日本語における自己は相互行為における他者との関係によって規定され、自称と対称が決定されていく。鈴木(1973: 196–197)はこのような西洋語における自己規定を絶対的自己規定とし、話し手の言語的自己規定が相手および周囲の状況とは無関係であり、相手の存在を認識するに先んじて、自己の認識が言語によって行われると述べている。一方、日本人の自己規定は相対的で、相手がいなければ自己規定がしにくいという対象依存型であるとする。それと同様に、本稿で見た親族名称の使用における視点の移動や、一人称詞の二人称詞への転用という現象も、日本人が相互行為において自他融合的に自己を位置づけているために起こっていることであるといえるだろう。このことはまた、鈴木(1973: 201)も、

対象依存型の自己規定とは、別の言い方をすれば、観察する自己の立場と観察される対象の立場が峻別されずに、むしろ両者が同化されることを意味する。日本文化としばしば対比させられる西欧の文化が、観察者と対象の区別、つまり自他の対立を基礎とするのに対し、日本の文化、日本人の心情が自己を対象に没入させ、自他の区別の超克をはかる傾向が強いことはしばしば指摘されるところだが、日本語の構造の中に、これを裏付けする要素があるということができよう。

と述べている。話者が容易に聞き手の視点をとり、実際には親族ではない聞き手の立場から親族名称を用いることも、一人称詞が二人称詞に転用されることも、西洋語に見られるような絶対的自己規定の文化では極めて起こりにくいと言えるが、日本語のように自己と他者を自他融合的に位置づけるような文化では起こりうる現象といえるだろう。実は、このことは西洋語でも極めて限られた条件下において起こることがある。

(30)　Comme J'ai de beaux yeux, moi!
　　　"What beautiful eyes you (i.e. je/moi 'I') have!"　（Shibasaki 2005: 169）

これは母親が自分の赤ん坊を愛でているときに使った表現であり（青木1999）、自分のこどもを 'je/moi' ('I') と称している。Shibasaki (2005) は、このような用法がどの程度一般化できるのかわからないと述べているが、この例で明らかなのは、母親が自分と自分のこどもを自己同一化し、相手である赤ん坊を 'I' と一人称化しているということだ。生まれて間もない赤ん坊であるからこそ、母親はその子を自分と重ね合わすことが可能だということだろう。

6. 日本人のコミュニケーションにおける自己観と「場」

ここまで見てきた課題達成談話と人称詞の使用から、コミュニケーション

における日本人の特徴的な言語実践が明らかになった。日本人はアメリカ人と異なり、なぜ相手からの合意や賛同の確認を頻繁に求めるのか、なぜあいづちや繰り返しが多いのか、なぜ断定をさけるのか、なぜ相手によって自分が規定されるのか。このような疑問に答えるためにはどのような説明をしたらよいのだろうか。従来の語用論理論では説得的な説明ができなかったために、日本人のコミュニケーションはしばしば不可解でわかりにくいと言われてきた。従来の語用論理論においては、話し手が主体となり、話し手の意志や意図を明確に、論理的に話し、聞き手に伝えるということが重要な前提である。このような前提を所与のものとする限り、日本人の言語行動は主体としての話し手が明確でなく、表現も曖昧、沈黙も多く、聞き手に負うところが大きいため（Hinds 1987）、前提からは大きく外れ、説得力のある説明は望めない。そこで、日本語母語話者たちの言語実践に通底する文化・社会的背景を基盤にした体系的な語用論的説明が必要だといえる。これまでみてきた課題達成談話と人称詞の使用の特徴は、一見全く異なる言語実践のようだが、日本人の言語文化のさまざまな相互行為に通底する自己と他者の捉え方が投影されていると考えられる。そこに映し出された自己と他者のあり方は、その言語文化の思考方法や対人方法として脈々と受け継がれてきた文化といえるのではないだろうか。ここでは、これまでのさまざまな分野の論考に基づきつつ、さらに、「場」[25]という考え方を取り入れ、英語と比較して顕著に見られた相互行為における日本人の自己観をもとに日本人の言語実践についての新たな語用論的説明を試みたい。

　日本人の課題達成作業では、共有する「場」に2人が埋没するかのように存在し、自己と他者がそれぞれの存在を保ちながらも、相互に影響を与え合いながら作業を行っていた。このようなあり方は、自己と他者が独立して個対個として対峙しようとするアメリカ人の相互行為におけるあり方とは大きく異なる。自己と他者の境界が明確でなく、自己と他者の領域が重なり合うかのように存在する日本人の相互行為は、アメリカ人の相互行為よりも自他融合的に進み、いうならば1つの頭脳で作業を行っているようであり、「よりダイナミックに即興的に共創していく」プロセスを見ることができた。こ

のことは、3節までで見たように、日本人の課題達成における頻繁な文の共同構築や繰り返し、リレー発話、同内容同時発話などの言語行為にも表れており、場での即興性では、日本人の方がアメリカ人よりも高い共創が観察された。自己のあり方はその「場」を通じて相手に伝わり、相手のあり方に影響を与える。相手のあり方はまた、自己のあり方に影響を与え、自己も変化する。ここでは、高い即興性のもとに、その「場」を舞台とし、相互に共鳴しながら共創しているといえる。また、社会的な人間関係を基盤とする呼称を観察しても、視点の移動や人称詞の転用から、自己と他者の境界は明確ではないことを伺い知ることができた。

日本人のこのような自己と他者のあり方については、これまでも文化的自己観という視点から文化心理学者の北山(1994)、Markus and Kitayama (1991)、社会心理学者のNisbett(2003)、社会言語学・語用論学者のIde (2012)などが指摘している。北山(1994: 153)では、日本文化は関係志向的であり、人々は相互協調的自己観(interdependent view of the self with others)を持つが、アメリカ文化では自己とは相互に独立したものであるという前提を持ち、人々は相互独立的自己観(independent view of the self with others)を持つとされる。同様に、Nisbett(2003)もさまざまな実験や考察を経て、西洋人は相互独立的(independent)であり、東洋人は相互協調的(interdependent)であると述べ、それぞれの文化的・社会的特徴を記している。一方、語用論的言語使用の視点からはIde (2012)が、日本語の言語実践における自己と他者の関係をウチとソト、ヨソとの関係において記述しており、日本人は自己とウチなる他者との境界が流動的であり、それに対してウチとソトとの境界が明確である。一方、アメリカ人は自己とそれ以外の他者との境界が明確であることを示した。以下の図(Ide 2012: 128)において、点線、実線で表されている日本人、アメリカ人の円の中心部分がその違いを示している。

また、前述したように、鈴木(1973: 196–197)も西洋語の人称詞に見る自己規定は絶対的自己規定であり、話し手の言語的自己規定は相手および周囲の状況とは無関係であり、相手の存在を認識するに先んじて、自己の認識が

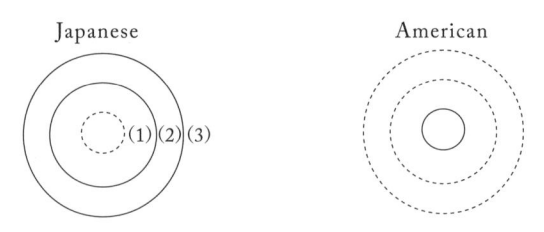

Domains of interactional self
(1) ウチ (ingroup)
(2) ソト (outgroup)
(3) ヨソ (outside of outgroup)

図3　Structural construal of self (Ide 2012)（一部筆者により改訂）

言語によって行われる（'I' が決まり、次に 'you' が決まってくる）。一方、日本人の自己規定は相対的で相手がいなければ自己規定がしにくい対象依存型であると説明する。

　このような絶対的自己規定と相対的自己規定は、西洋と日本の自己の捉え方に本質的な異なりがあることを、心理学者 C・G・ユングにも見ることができる。中村（2001:55）によれば、「ユングは、〈自我〉ego によって統合された人間の意識の根柢に、意識も無意識も含めた心の中心としての〈自己〉self を考え、この〈自我〉と〈自己〉は本来相補的な働きを持っているとした。」その上で、この自我と自己との二重性は、広く人間（人類）の心に共通して見られるが、この2つのうちどちらが強調され重視されるかは、人それぞれの属する文化によって異なり、概して西洋の人間が意識的「自我」の方を強調し重視したとすれば、日本人を含めた東洋人の場合には、無意識を含んだ心の統合の中心である「自己」の方を重視し強調してきたとしている（中村 2001: 56　カギ括弧は著者による）。そして、日本人のように意識の構造が自己（セルフ）に向かって開かれている場合、無限の拡がりを持った自己は深いところで自他の区別なく重なり合うため、物事を判断するのに際して責任の所在があいまいになったり、討論することなしに集団的な合意を形づくることが可能になることを理解することができるとしている。また、日本人がなぜ、

〈無我〉とか〈心を虚しくする〉ということを積極的な価値とし、自然を対象化せずに自然と一体化しやすく、〈主客未分〉あるいは〈主客合一〉[26]を価値として受けいれうるのかについてもよりよく理解することができると説明している（中村 2001: 58–59）。

さらに、日本の哲学者西田幾多郎は、自我と区別された意味での自己(セルフ)として、無意識（深層意識）を含め心の中心としての〈自己〉を見出し、日本人の心の有り様を、また人類一般の深層の心の有り様を見出した（中村 2001: 204）。また、西田のいう「場所」は、ギリシャ哲学以来、西洋の近代哲学ではほとんど顧みられることがなく、場所の反対概念である主体（主観）が、基体（substratum）になり、その主体（主観）が自立する方向をとり、近代人は主体としてできるだけ他者に依存せずに自立しようとした。しかし一方で、近代文明の行きすぎにより、〈自己(セルフ)〉と区別された〈自我(エゴ)〉の自立性が強く疑われるようにもなり、基体としての場所が顧みられるようになった（中村 2001: 65–66）ことを中村は以下のように述べている（中村 2001: 66）。

> 自己を根拠づけることによって、人間（個人）はその自立を推し進め、ここに近代思想と近代文明は、〈主観―客観〉の図式のもとにその可能性を徹底的に追究することができた。主観（主体）の自立と能動性を前提として、外界や自然に対する働きかけや支配がいっそうすすめられた。けれども、その可能性がほとんど実現されそうになるに至って、その行きすぎが人間自身の生存の基盤―例えば生態系―を突き崩すことが次第に明らかになった。こうして、意識的な自我主体を内実とする人間の自立ということがつよく疑われるようになった。…〈自己(セルフ)〉と区別された〈自我(エゴ)〉の自立性への疑いである。こうして意識的な自我の隠れた存在根拠を形づくるものとして、あらためて共同体や無意識や固有環境[27]などが大いに顧みられるようになった。かつて人間は、それらの〈場所〉からおのれを解放することによって活力を得た。けれどもそのときには、その活力そのものが実は少なからずその場所に負っていたことに気がつかなかったのである。

このように、基体としての場所が改めて顧みられるようになった。
　一方、哲学、心理学とは全く独立した生物物理の分野から「場」の重要性を提唱してきたのが清水（2000, 2004, 2009 他）である。清水は自然科学の実験を通じて、自己の二重生命を「発見」し、その二重生命的性質を自己の二領域モデル（卵モデル）として示した（図4参照）。それによれば、自己とはデカルトのいう我（コギト）ではなく、自己はコギトの周囲に大きな下意識の領域を持っているとし、これを自己の二領域モデル[28]（卵モデル）（清水 2000: 150）とした。
　この卵モデルによれば、自己は卵の黄身に相当する局在的自己とその白身に相当する遍在的自己から構成されている。清水のいうこの局在的自己とは、前述した〈自我〉に相当し、遍在的自己は〈自己〉に相当すると考えられる。この遍在的自己が下組織である。そして、1つの場所に2人が存在する場合には、この下組織である遍在的自己（場所的領域）を局在的自己が共有することになる。従って、2人は、相互に融合し、自他非分離となると説明する。言い換えると、これは1つの器に2つの卵を割り入れた状態に相当し、白身はその流動性から境目がはっきりしなくなり次第に融合する。黄身は自己中心的領域であり、その形状を維持しようとするが、融合した白身の中でそれぞれの情報を察知しようとする黄身の動きもまた白身を通じて他方の黄身へ伝えられることになる。つまり、黄身はそれぞれ自立的な自己表現を行う一方で、白身という共通の「場」との接触を通じて互いに影響を与え合う。共有化された白身はさまざまな黄身の表現に対する共通のコンテクストを表現し、黄身の表現によってそのコンテクストも変化をしていくことになる（清水 2000: 149）。このようにして遍在的自己は自他融合的状態（共有の場）となり、同時に、局在的自己の多様性を持ちつつ、瞬時瞬時に変化しながらダイナミックな動きをする。これを清水は即興劇モデルと称し、役者たちが舞台上でそれぞれの自己を維持しつつも瞬時瞬時にダイナミックに演ずる即興劇（2000, 2004 など）に通じるものと考える[29]。
　本稿の分析結果で示してきた日本人の相互行為における言語実践の特徴は、卵モデルで示される遍在的自己の自他融合的振る舞いであり、そのこと

局在的自己（自己中心的領域）

遍在的自己（場所的領域）

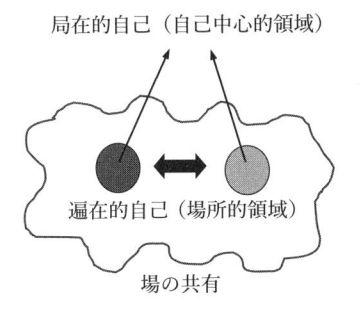

場の共有

図4 日本人の相互行為における自己と他者（清水 2000: 150 筆者一部改定）

はまた、ユングが日本人を含めた東洋人が無意識を含んだ心の統合の中心である自己の方を重視し、無限の拡がりを持った自己は深いところで自他の区別なく重なり合うとしたことや、西田が人間的自己にとっての基体としての場所が日本人の持つ自己と深い関連があるとしたことと考えを一にすることである。さらに、城戸（2003: 177）は、日本人と西欧人の文化的比較をした場合に、最も顕著な特徴を簡潔にいうならば、「日本人の意識が基本的に主体の論理ではなく、場所の論理に規定されているということである。極端に言えば、日本人の意識構造、論理構造は、感性的、場所的、述語的であり[30]、その行動様式は、場所の規則に基づいている」と述べていることにも繋がることである。

このように、日本人の言語使用や言語実践の根底に流れる本質的な社会文化的な意識構造は、この「場」の考え方で表されるように、常に変化する「場」の中において自己を持ちながらも自他融合的に他者との関係を維持することにある。そこでの相互行為は、自己と他者が瞬時瞬時に移り変わる共通の「場」を舞台に、即興劇の役者のようにまわりのものの動きに連動しながらダイナミックに創出されていく。このような「場」にみられる日本人の自己と他者の関わりや意識構造は、ここで見た相互行為における言語実践や呼称における共感的な視点の移動、人称詞の転用の他にも、日本語の主語の不在（対して、英語での主語必須構文）や、内在的視点による出来事の描写、会話における高頻度のあいづちや繰り返し、共同構築や同内容同時発話など

の言語行為に根源的な説明を可能にするものであると思われる。既述したように、従来の語用論理論は、主に「対話する言語文化」である西洋の言語実践を中心に展開されてきたものであり、そこでは、主体と客体、自己と他者がそれぞれに独立し、対峙することが前提となっている。また、「語る文化」でもある西洋では、論理的言語実践が求められ、コミュニケーションにおいては、情報の伝達に重きがおかれ、沈黙は意味を持たない。それに照らせば、日本人のコミュニケーションのあり方は、非論理的で、曖昧で、相互関係を重んじる故に自己満足的であり、論理的志向の西洋社会からはわかりにくく、不可解（inscrutable）なものであるという評価的価値を与えられてきた感は否めない。が、ここで述べてきた「場」の考え方により説明される自他融合的、主客合一的自己観は、これまでの日本人の相互行為のあり方や言語実践・言語行為に、より説得的な、より根源的な説明を付することができると考える。更に、この「場」の考え方は、西洋理論の枠組みでは説明のつかない東洋 ― 例えば、韓国語（藤井・金 2014, Kim 2014）、タイ語（Intachakra 2012, Panpothong and Phakdeephasook 2014）―の言語実践のあり方や、ハワイ語（Saft 2014）、マヤ語（Hanks 1992）などの中南米やイラン（Beeman 1986）などの中央アジアの言語実践について、より母語話者の感覚に沿った説明ができるものとして、これまでに提示されてきたさまざまな西洋の語用論理論と補完的に存する考え方であると思われる。

7. おわりに

　私たちは日々、数え切れないほどのコミュニケーションを行っている。コミュニケーションの場ではその参与者たちが共創することばの用い方の1つ1つが、瞬時に積み重ねられていく。一瞬前のコミュニケーションは次の瞬間は過去となる。長い間の積み重ねの中で、1つ1つのコミュニケーションから創造されたことばの産物は、その言語文化のコミュニケーションの形となり受け継がれていくと同時に変化も遂げていく。本稿では、相互行為における自己と他者が共通の場においてどのようにお互いを位置づけるのかとい

うことに焦点をおき、課題達成談話と日本語の呼称における視点の移動、および、一人称詞の二人称詞への転用という言語実践を分析した。本稿で考察した日本人の相互行為は、自己と他者の自他融合的なあり方から読み取る事ができた。これまでの多くの語用論研究や談話研究では、それぞれの言語現象の実態が明らかになり、多くの成果をあげてきた。それらの言語現象は、実は、それぞれの言語文化の根底にある社会文化的な意識構造や論理構造を指標しているといえるだろう。そのような意味で、本稿でみてきた日本語における言語実践や言語行為は、そこに通底する「場」における自己の拡がりと自他融合のあり方の産物といえるだろう。また、本稿で提示した自己と他者、場所の有機的関わりをもとにした「場」の考え方は、これまで私たちが所与のものとしてきた西洋発の語用論理論に補完的に存するものとして、日本語や世界のさまざまな言語の語用やコミュニケーションのあり方を説明してくれるものと思われる。

注

1　ミスター・オー・コーパスは以下の日本学術振興会の研究補助金の援助を受けて収集された談話データである。「アジアの文化・インターアクション・言語の相互関係に関する実証的・理論的研究」(平成15〜17年度科学研究費基盤研究(B)、No. 15320054、研究代表者　井出祥子)、「文化・インターアクション・言語に関する実証的『解放的』理論の展開」(平成18〜19年度科学研究費基盤研究(B)、No.18320069、研究代表者　井出祥子)、「『母語話者視点』に基づく解放的語用論の展開：諸言語の談話データの分析を通じて」(平成20〜22年度科学研究費基盤研究(B)、No. 20320064、研究代表者　藤井洋子)、および「社会・文化的場の共創と言語使用：母語話者視点による語用論理論の構築」(平成23〜25年度科学研究費基盤研究(B)、No. 23320090、研究代表者　藤井洋子)。データ収集は平成16年に日本語とアメリカ英語を日本女子大学で、平成18年に韓国語を日本女子大学で、平成20年にリビア・アラビア語をリビアのセブハ大学で、平成24年にタイ語をタイのチュラロンコン大学で収集した。内容はすべてDVDに収録、転記データを作成した。日本語と英語の音声の転記データは国立情報学研究所(NII)を通じ

て公開準備中である。以下に示すのは、課題達成に使用された絵カードの例である。なお、データの詳細については、井出（2014: 22–27）を参照してほしい。

なおデータの DVD 化、文字化に際し技術提供いただいた山本修氏および IR アルト関係者に深く感謝いたします。

2　課題達成作業中の発話には、作業の方法について相談する発話やカードの絵について疑問を述べるような発話などが見受けられたが（Fujii 2006）、いずれも物語の筋を構築していく上での実質的な発話ではないため、本研究の分析では取り扱っていない。

3　日本人とアメリカ人の課題達成談話における分析結果の詳細は Fujii（2008, 2012）を、また、日本人、韓国人、アメリカ人についての詳細は藤井・金（2014）を参照してほしい。

4　一般には、日本語の発話は間接的であり、緩和表現を多用すると言えるが、ここでは、緩和表現を伴う陳述文よりもより間接的な言語形式であるさまざまな疑問形を用いて頻繁に相手からの賛同、合意、確認を引き出しながら作業を進めているために、緩和表現は英語話者よりも少ない頻度となっている。

5　Machi（2009）は、ミスター・オー・コーパスの会話データを分析し、日本語会話での繰り返しの頻度は 10 分間で英語会話の 2.9 倍であると報告している。

6　アメリカ人の課題達成作業では、アイデアの提案や意見の提示に対し、"yeah" や "right," "okay," "that makes sense" などの表現を用いて相手の提案に賛成するが、そのような賛成を表す言語行動がなくともそのまま先へ進む。一方、反対の場合には、"I don't think …,""No, I think …,""But why …?""Wait, hold on, …,""No …, but how does that happen?" などのように反対の意思表示は明確に行っている。

7　Barke and Uehara（2005: 305）では、奈良時代からの日本語の二人称詞は 72 種類を数えると報告している。その中で、奈良時代から現代まで残っている二人称詞は「きみ」のみだという。一方、西欧語では、同じ歴史的時間の中で、3～4 種類の二人称詞が認められるのみであり変遷も少ない。ドイツ語が V-形でわずかな歴史的変化を遂げているが、そのスピードは日本語の二人称詞の変遷に比較すれば非常にゆっくりなものである（Barke and Uehara 2005: 305-306）。

8　日本語の場合には、自分のことをいわゆる人称詞である「わたし」とか「ぼく」と呼んでも、相手は「あなた」とは呼ばずに名前を用いたり、「先生」「部長」な

どのような職名を用いたり、「おかあさん」「おにいちゃん」という親族名称を用いるなど、話し手と聞き手のお互いの呼び方は非相称的であることが普通である（三輪 2005, 2010）。もともと、日本語の自称詞には謙遜、謙譲が表され、対称詞には尊敬が表されるのであり、そのような意味でも非相称的になるといえる。

9 日本語にはもともと英語や西洋語の 'I' や 'you' に相当するような人称詞は存在しないとする説もあるが、本稿では、特にここでみる融合・転用という現象については、「一人称詞」「二人称詞」を用いることとし、総称としては、「自称詞」「対称詞」を用いることとする。

10 日本語の呼称の基本的用法については鈴木（1973）の記述が重要だが、併せて藤井（2011）も参照してほしい。

11 鈴木（1973）では日本語のこのような呼称のあり方を人類学からの用語を用いて虚構的用法（fictive use）とし、2つのタイプの虚構的用法を紹介している（鈴木 1973: 158–162）。第一は、実際には血縁関係のない他人に対し、自分の親族だったらという仮定のもとに親族名称を使って呼びかけることである。町の八百屋さんが歩いている中年の女性を捕まえて、「ちょっとそこのおかあさん、今日の大根安いよ。」と言うような場合がこれに当たる。第二は、本文で言及しているものである。鈴木（1973）は、このような習慣が発達しているのは日本語の人称詞の使用が極度に制限されているためと指摘している。更に、「虚構的用法の一般原則は、話し手が自分自身を原点として、相手がもし親族だったら、自分の何に相当するかを考え、その関係にふさわしい親族名称を対称詞または自称詞に選ぶのである」と説明している。この場合、他人に対して用いられる親族名称は目上を呼ぶ親族名称が使われる。これは、親族名称や職名を対称詞として使う場合の基本的用法と共通する原則である。

12 西洋人にとって理解に苦しむ様子は、鈴木（1973: 166）のトルコ人社会学者とのエピソードがよく表している。

13 このような親族名称の用い方は英語にもないわけではない。小さな子どもに対して母親が自分の夫のことを daddy などと言うことがあるようだが、このような言い方は赤ん坊用語（baby talk）として扱われている（鈴木 1973: 170）。

14 英語で親族名称が使用される場合は、親族名称で呼ばれる者の役割や立場を特に明らかにする必要がある場合であり、その使用は日本語よりもずっと限られている。また、例えそのような使用であっても、視点の移動、つまり相手と自己同一化するということはせずに、視点はあくまでも話者の視点を保ち、個対個の対峙が曖昧に表されるということは起こらない。実際には、"Dad" と子供は父親に呼びかけるが、母親が息子の視点に立ち、自分の夫を "Dad ...." と呼ぶことはない。従っ

て、本文中の例のように、老婦人が自分の娘を孫の視点に立って"Mom ...."というようなことは到底あり得ないことである。

15 フンボルト研究で知られる亀山健吉氏(1976)によれば、ウィルヘルム・フンボルトは1820年代の終わりから1830年にかけて、日本語の研究に非常に熱中していたが、ある時期になり、きっぱりと日本語の研究をやめてしまったとある。そして、フンボルトが日本語研究を断念した理由は、「こなた」の多義性にあったと指摘している。つまり、ある本によれば「こなた」は、一人称を示すが、また別の本には二人称を示すとあり、また、別の本には人称の別なく用いると記されていた。彼にとっては、一人称と二人称の代名詞は、主と客の関係にあり、一番厳しく対立しているはずのものであり、これが簡単に入れ変わることはあり得ないことだったのだ (1976: 16)。また、Levinson (p.c.) は、西洋語では一人称指示から二人称指示への移行は観察できないと述べている。しかし、このようなことは日本語のこれまでの歴史の中で、現代日本語にも観察されることであり、同様の現象はベトナム語 (Shibasaki 2005)、タイ語 (Natthaporn and Siriporn, p.c.) にも観察されるようである。

16 もともと「こなた」「そなた」「あなた」「かなた」は、「こ・そ・あ」に見られるように、直示的な用語 (deictic terms) であり指示詞であった。これらはもともと空間指示であったものが、時間指示にも拡大され、心理的な距離も表すようになったと言われている。平安時代以降、「こなた」は「そなた」「あなた」「かなた」に対し、話し手に近い近称の指示代名詞として用いられていた (『日本語源大辞典』2005)。

17 『精選版 日本国語大辞典』(2006) では、「「こなた」が対称として用いられるのは室町時代になってからであり、その待遇価値は室町時代末期には最高段階に位置していたものが、近世前期上方語では、新たに発生した「お前」にその座を奪われ、「こなた」は第二段階に下降した」とある。「お前」は現在は、相手を見下すようなときに使われる二人称詞であるが、近世前期にはそれまで待遇価値が高かった「こなた」にかわり「お前」の待遇価値が最も高かったということになる。現在の「お前」は使われるほどにその待遇価値が下がってきたことがわかる。

18 亀山 (1976: 16) によれば、「フンボルトのある論文を見ますと、「こなた」はある『日本文典』では、男性と女性とで使い方が違うと記されていると書いてありますが、こうなるとフンボルトには想像を絶する事態になってしまう。誰か自分に日本語のこの秘密を教えてくれる者はいないかと、ほとんど匙を投げた形で嘆息しています。」と記されている。

19 一人称詞が二人称詞に転換する際は、敬意の低い人称代名詞になるのが常である

(『時代別国語大辞典　上代編』1970)。
20 作者は高橋虫麻呂とされるが異説もある。奈良時代初期の歌人・虫麻呂には各地の伝説に材をとった作品が多くあり、伝説の歌人として知られる。自編と推定される「高橋虫麻呂歌集」の名が万葉集の中に見える。
21 Shibasaki (2005) は英語による。因みに、Shibasaki (2005) では、「指示原形」は "Original reference" であり、「拡張指示」は、"Shifted/extended reference" となっている。また、中世から近世において一人称詞から二人称詞への推移のあった再帰代名詞の「うぬ」、及び、現代日本語で三人称詞から二人称詞への推移が見られる「かれ」「かのじょ」についても言及されているが、本稿では取り扱わないため表2では表示していない。
22 現代語で、「われ」を二人称とする地域方言がみられる。
23 タブーに対する婉曲語法などは、最初、タブー語を補うために使われ始めるが、常に使われることにより婉曲的な機能が次第に薄れ、新たな婉曲表現に取って代わるということを繰り返す。日本語の人称詞の移り変わりはこのメカニズムと極めて類似しているということで鈴木 (1973) はタブー型変化と称している。
24 西洋人にとって、絶対の自己を表す一人称詞が、二人称をも同様に指示するということはまずあり得ない。西洋語では、自己と他者は最も先鋭に対立しているものであり、それが入れ替わるということは想像を絶することなのであろう。西洋語は英語のみならず、フランス語、イタリア語、ギリシャ語、ラテン語などの一人称代名詞は、古く遡れば ego を語源とし、それぞれに音韻変化を経て現在のような形になったが、どの言語においても ego を語源とする一人称代名詞、つまり現代英語の 'I' に当たるものと 'you' に当たるものは、対峙する人称詞として決して交わることなく表されてきた。
25 「場」との表記は、特に、のちに述べる自己の深い広がりとしての「場」であり、人々が相互行為において共創的にコミュニケーションを行う「共創の舞台」を意味するものである。そこにおいては、自他融合や主客未分的な自己と他者の広がりがあり、即興的、共創的コミュニケーションが行われること、また個が全体の中で活（はたら）く個であるという二重生命を持つという「場」を意味する。従って、相互行為が行われている単なる空間的な場所を意味するものではない。
26 池上 (2012) では、認知言語学の立場から、日本語の〈主客合一〉的事態把握と英語の〈主客対立〉的事態把握についての論考を提示し、同じ現実世界の捉え方においても、日本語は〈主客合一〉的捉え方をし、それが言語表現にも表れていることを示している。
27 ここでいう共同体や無意識について、中村 (2001: 66) は以下のように説明している。

共同体や無意識は、固有環境(エレメント)とちがって、ふつういう意味での空間的な場所を形づくるものではない。が、それらは、意識的自我がそこにおいて成り立つ場あるいは場所を形づくっている。つまり、共同体、無意識、固有環境のいずれにもいえることは、それらが人間的自己にとって、基体としての場所、場所（基体）だということである。

28　先に述べたユングの自我と自己との二重性と共通した考え方だといえよう。

29　このような考え方を清水（2000, 2004, 2009）は「場の理論」と称し、生物物理学の発見をもとに、自己に関する問題のほか、コミュニティや地球環境など、秩序と多様性の両立が重要な課題となっている諸問題にも新しく活用されるべき1つの哲学的思想として提示している（清水 2004: 4）。ここでは、特に語用論への応用として「場」の考え方を提示するものである。

30　中村（2001: 205）では、西田の場所論で明らかになったことは、「主語を基体とする主語論理から、述語を基体とする述語論理へのコペルニクス的な転換が、いくら強調しても強調しきれない重要性を持っている」と述べている。場所的な日本人の自己のあり方から、日本語はしばしば述語論理であるとされ、述語論理的な日本語の特徴についてより一層の研究が進められる必要があろう。

参考文献

青木三郎(1999)「文法の対照的研究―フランス語と日本語」山口佳紀編『日本語と日本語教育』第5巻 pp.290–311. 明治書院

Beeman, William O. (1986) *Language, Status, and Power in Iran*. Bloomington: Indiana University Press.

Barke, Andrew and Satoshi Uehara. (2005) Japanese Pronouns of Address – Their Behavior and Maintenance over Time. Lakoff, Robin T. and Sachiko Ide (eds.), *Broadening the Horizon of Linguistic Politeness*. pp.301–312.Amsterdam, The Netherlands: John Benjamins.

Clancy, Patricia.M., Sandra A. Thompson, Ryoko Suzuki, and Hongyin Tao. (1996) The Conversational Use of Reactive Tokens in English, Japanese, and Mandarin. *Journal of Pragmatics* 26: pp.355–387.

Ferrara, Kathleen. (1992) The Interactive Achievement of a Sentence: Joint Productions in Therapeutic Discourse. *Discourse Processes* 15: pp.207–228.

Fujii, Yoko. (2006) What Do They Verbalize and How? — The Process of Co-constructing a Story by Japanese and American Pairs.『アジアの文化・インターアクション・言語の相互関係に関する実証的・理論的研究（研究課題番号 15320054）平成 15 ～ 17

年度科学研究費(基盤研究 B)報告書』pp.114–127.
Fujii, Yoko. (2008) What Causes Differences in the Process of Mutual Consent?: A Comparison of Story Co-construction by Japanese and American Pairs.『文化・インターアクション・言語に関する実証的・「解放的」理論の展開(研究課題番号 18320069)平成 18 年〜 19 年度科学研究費(基盤研究 B)報告書』pp.104–120.
藤井洋子（2011）「日本語の親族呼称・人称詞に見る自己と他者の位置づけ―相互行為の「場」における文化的自己観の考察」『日本女子大学文学部紀要』第 60 号 pp.73–86. 日本女子大学
Fujii, Yoko. (2012) Differences of Situating Self in the Place/*Ba* of Interaction between the Japanese and American English Speakers. *Journal of Pragmatics* 44: pp.636–662.
藤井洋子・金明姫（2014）「課題達成過程における相互行為の言語文化比較―日本語・韓国語・英語の比較分析」井出祥子・藤井洋子編『解放的語用論への挑戦―文化・インターアクション・言語』pp.57–90. くろしお出版
橋本治（2005）『ちゃんと話すための敬語の本』筑摩書房
Hanks, William F. (1992) The Indexical Ground of Deictic Reference. In Duranti A. and C. Goodwin (Eds.), *Rethinking Context: Language as an Interactive Phenomenon*. pp.46–76. Cambridge: Cambridge University Press.
Hayashi, Makoto and Junko Mori. (1998) Co-construction in Japanese Revisited: We do "Finish Each Other's Sentences". In Akatsuka, Naoko, Hajime Hoji, Shoich Iwasaki, Susan Strauss. (Eds.), *Japanese/Korean Linguistics* 7: pp.77–93.
Hinds, John. (1987) Writer versus Reader Responsibility: Toward a New Typology. In Ulla, Connor and Robert Kaplan (Eds.), *Writing across Language: Analysis of L2 Text*. pp.141–152. Reading, MA: Addison Publishing Company.
堀井令以知編（1990）『語源大辞典』東京堂出版
堀井令以知編（2003）『日常語の意味変化辞典』東京堂出版
Ide, Sachiko. (2011) Let the Wind Blow from the East: Using '*Ba* (field)' Theory to Explain How Two Strangers Co-create a Story. President's Lecture of 12th International Pragmatics Conference. Manchester, UK.
Ide, Sachiko. (2012) Roots of the Wakimae Aspect of Linguistic Politeness – Modal Expressions and Japanese Sense of Self. Meeuwis, Michael and Jan-Ola Östman (Eds.), *Pragmaticizing Understanding – Studies for Jef Verschueren*. pp.121–138. Amsterdam, The Netherlands: John Benjamins.
井出祥子（2014）「解放的語用論とミスター・オー・コーパスの意義―文化・インターアクション・言語の解明のために」井出祥子・藤井洋子編『解放的語用論への挑

戦―文化・インターアクション・言語』pp.1–31. くろしお出版
井出里咲子（2013）「ナラティブにおける聞き手の役割とパフォーマンス性―震災体験の語りの分析より」佐藤彰・秦かおり編『ナラティブ研究の最前線―人は語ることで何をなすのか』pp.43–63. ひつじ書房
池上嘉彦（2012）「〈言語の構造〉から〈話者の認知スタンス〉へ―〈主客合一〉的な事態把握と〈主客対立〉的な事態把握」『國語と國文學』明治書院
Intachakra, Songthama. (2012) Politeness Motivated by the 'Heart' and 'Binary Rationality' in Thai Culture. *Journal of Pragmatics* 44: pp.619–635.
『岩波　古語辞典』(1982) 岩波書店
『時代別国語大辞典　上代編』(1970) 三省堂
『時代別　国語大辞典　室町時代編五』(2001) 三省堂
Johnstone, Barbara. (2002) *Discourse Analysis*. Oxford. Blackwell.
亀山健吉（1976）「日本語の民族性について」『女子大通信』No. 324. pp.4–20. 日本女子大学
城戸雪照（2003）『場所の哲学』文芸社
Kim, Myung-Hee. (2014) Why Self-deprecating? Achieving 'Oneness' in Conversation. *Journal of Pragmatics* 69: pp.82–98.
Kita, Sotaro and Sachiko Ide. (2007) Nodding, *Aizuchi*, and Final Particles in Japanese Conversation: How Conversation Reflects the Ideology of Communication and Social Relationship. *Journal of Pragmatics*, 39: pp.1242–1254.
北山忍（1994）「文化的自己観と心理的プロセス」『社会心理学研究』10(3): pp.153–167.
Kobayashi, Kaori. (2012) How do Listeners Participate in Conversation?: A Study of Backchannels in Japanese and English. MA thesis. Japan Women's University.
Machi, Saeko. (2007) "My/your Story" vs. "Our story": Repetition in English and Japanese Conversation. MA thesis. Japan Women's University.
Machi, Saeko. (2009) Creating "Our story": Repetition in Japanese Conversation. Poster presented at the 11th Annual IPrA Conference, Melbourne, Australia.
Markus, Hazel R., and Shinobu Kitayama. (1991) Culture and the Self: Implications for Cognition, Emotion, and Motivation. *Psychological Review*, 98(2): , pp.224–253.
メイナード，泉子 K.（1993）『会話分析』くろしお出版
三輪正（2005）『一人称二人称と対話』人文書院
三輪正（2010）『日本語人称詞の不思議―モノ・コト・ヒト・キミ・カミ』法律文化社
水谷信子（1983）「あいづちと応答」水谷修（編）講座『日本語の表現』筑摩書房 pp.37–44.

水谷信子 (1993)「『共話』から『対話』へ」『日本語学』12 (4): pp.4–10.
中村雄二郎 (2001)『西田幾多郎 I』岩波書店
Nisbett, Richard E. (2003) *The Geography of Thought*. New York, NY: Free Press.（村本由紀子訳 (2009)『木を見る西洋人森を見る東洋人』ダイヤモンド社）
『日本語源大辞典』(2005) 小学館
Norrick, Neal. (2012) Listening Practices in English Conversation; The Responses Elicit. *Journal of Pragmatics*, 44: pp.566–576.
大野晋・佐竹昭広・前田金五郎編 (1982)『岩波　古語辞典』岩波書店
大塚正之 (2011)「場の理論（*Ba* theory）について」解放的語用論東京ワークショップ 配付資料.
Panpothong, Natthaporn and Siriporn Phakdeephasook. (2014) The Wide Use of *Mai-pen-rai* 'It's not Substantial' in Thai Interactions and Its Relationship to the Buddhist Concept of Tri Laksana. *Journal of Pragmatics* 69: pp.99–107.
Sacks, Harvey, Emanuel A. Schegloff, and Gail Jefferson. (1974) A Simplest Systematic for the Organization of Turn-Taking for Conversation. *Language* 50 (4): pp.696–735.
Saft, Scott. (2014) Rethinking Western Individualism from the Perspective of Social Interaction and from the Concept of *Ba*. *Journal of Pragmatics* 69: pp.108–120.
『精選版 日本国語大辞典』(2006) 小学館
Shibasaki, Reijirou. (2005) Personal Pronouns and Argument Structure in Japanese: Discourse Frequency, Diachrony and Typology. A Dissertation submitted in Partial Satisfaction of the Requirements for the Degree Doctor of Philosophy in Linguistics. University of California, Santa Barbara.
清水博 (2000)「共創と場所」清水博・久米是志・三輪敬之・三宅美博編『場と共創』pp.23–177. NTT 出版
清水博 (2004)『自己に関する科学的研究』場の研究所文庫 Vol. 3. 場の研究所
清水博 (2009)「二重生命と相互誘導合致」場の研究所
鈴木孝夫 (1973)『ことばと文化』岩波書店
『精選版　日本国語大辞典』(2006) 小学館
Tannen, Deborah. (1989). *Talking Voices: Repetition, Dialogue and Imagery in Conversational Discourse*. Cambridge: Cambridge University Press
植野貴志子 (2012)「日英語会話における聞き手行動の社会言語学的考察」『日本英語学会第 29 回大会研究発表論文集』pp.177–182. 日本英語学会

相互行為からみた指示詞と
社会文化的コンテクスト

成岡恵子

1. はじめに

　「えーそんなの買ったの？」「だってあいつが受かるわけないじゃん。」これらの発話を聞いた際、「そんなのってどんなの？」「あいつって誰？どんな人？」と気になる。「それ買ったの？」「あの人が受かるわけないじゃん」と比べてどうだろう。やはり「そんなの」や「あいつ」と聞くと、どんなものか、どんな人なのか、より気になる。それは「そんなの」「あいつ」という表現から、話者の否定的な感情や驚いた感情が伝わるからである。

　指示詞とは、文字通り何かを指し示す際に使用される言語形式である。そのため、これまでの研究では指示詞の持つ「指示的機能 (referential function)」に関する研究が多くなされてきた。また、指示詞を含むダイクシス表現の特徴として、発話のコンテクストを見なければ何を指しているのか特定できない点が挙げられるが、従来の指示詞研究で考慮されるコンテクストとは、話者、聞き手、対象の3つであることがほとんどである。しかしながら、上記のような発話からは、何かを指し示す機能のみでは説明がつかず、また話者、聞き手、対象のような表層的なコンテクスト要素だけでは発話を理解するのに不十分である。Hanks (1990, 1992, 1996, 2005) は、指示詞をはじめとしたダイクシスの研究において「言語形式 (language form) および構造 (language structure)」を「実践 (practice)」の中で見ること、そして「社会文化的、インターアクションのコンテクスト (sociocultural/interactive context)」における「実践」を見ることが重要であるとしている。Levinson

(1983)はダイクシス研究の多くが抽象的な理論を導き出すための規範的(prescriptive)なものが多く、記述的(descriptive)な研究が驚くほど少ないと述べ、その理由を適当な理論や分析の枠組みが欠如しているため(1983: 61)としている。またDuranti(1997)は言語表現のコンテクストへの依存度が高ければ高いほど、研究者の内省から作り出された文章や談話を用いてその表現の機能を示すことは困難となる(1997: 203)と述べている。このことは、意味をコンテクストに大いに依存するダイクシスは、実際のインターアクションの中での使用を分析して初めてさまざまな機能を理解できることを示唆している[1]。

本稿では、これまで指示的機能に限定して注目されてきた指示詞を、自然発話をデータとした相互行為の中で見ることにより、指示詞がさまざまな「社会文化的コンテクスト」、つまり、対象や聞き手に対する話者の感情や態度をはじめ、話者と聞き手の対人関係(年齢、上下関係、親疎関係)、話者の性別、場面の改まり度などを指標していること、さらにその指示詞の使用により相互行為の中で新たなコンテクストが作り上げられていく、といったダイナミックな働きをしていることを明らかにする。

2. 日本語指示詞の先行研究

インターアクションの中で使用される指示詞を分析すると、表1のようなこれまでの文法書などに見られる日本語指示詞体系表の意味範疇の記述よりも、複雑であることが分かる。従来の記述には相互行為における指示詞の役割や指標する社会文化的コンテクスト情報が不足しているのである。

日本語における指示詞の先行研究は、指示詞の「構造」、中でもコ・ソ・アという3種類の指示詞系列の違いに多くの焦点があてられてきた。また典型的な指示詞とされる「これ・それ・あれ」「この・その・あの」という形式のみが研究対象とされ、それ以外の指示詞の形式についての議論はほとんどない。そして、理論構築のために研究者自身の作例を用いたものや、空欄にどの指示詞が入るかなどの実験的な言語使用を用いた研究が多いのに対

表1　日本語の指示詞体系[2]

品詞	意味範疇	指示詞		
代名詞	物・事柄	これ	それ	あれ
連体詞	物・事柄	この	その	あの
代名詞	方向（くだけた形式）	こっち	そっち	あっち
代名詞	方向（丁寧な形式）	こちら	そちら	あちら
代名詞	物・人物（ぞんざいな形式）	こいつ	そいつ	あいつ
代名詞	場所	ここ	そこ	あそこ
連体詞	状態・特徴	こんな	そんな	あんな
副詞	様態	こう	そう	ああ

し、自然発話などの相互行為の中で使用された指示詞を分析したものや、使用された場面の詳しい社会文化的コンテクストまで考慮にいれた研究は極めて少ない。

　例外として、メイナード(2006)およびMaynard(2007)は、小説などの書きことばのデータから日本語指示詞の使用を観察し、ディスコース内での指示詞の機能を分析した。そして、佐久間(1951)、正保(1981)、金水・田窪(1992)、堀口(1978)など指示詞の代表的な先行研究を踏まえ、コ・ソ・ア系それぞれの指示詞のディスコースにおける現象の枠組を示した。メイナードは話者の「心情・情意」と「心的作用」についても触れており、コ系は「親近感・大切・引き入れ・引き寄せ」、ソ系は「中立・離れる」、ア系は「親近感・共感・記憶の喚起」といった意味を伝えるとしている。本稿では、メイナードの述べる「心情・情意」や「心的作用」に関わる指示詞の使用を自然発話の中でより詳細に見ることで、インターアクションにおける指示詞の機能を分析する。

3. 相互行為における日本語指示詞の使用と社会文化的コンテクスト

　本節では初めに、これまであまり議論されてこなかった典型以外の日本語指示詞の使用を見ることで、指示詞が従来の体系表（表1）からは説明できないようなさまざまな社会文化的コンテクストを指標することを明らかにして

いく。その後、日本語指示詞の中で先行研究でも頻繁に研究対象とされてきた「これ・それ・あれ」「この・その・あの」が、相互作用の中で対象を指し示す機能以外の役割を持つことを示す。そして、これまでの指示詞研究で使用されてきた静的な枠組に代わって、より動的な枠組をもって指示詞の使用を捉える必要があることを明らかにする。

　本稿はデータとして2種類の自然発話データを用いる。1つ目は、日本語話者同士の会話を録音し文字化したものである。会話は親しい友達、家族、親戚や姉妹の会話など、20分程度の会話が9種類、合計207分20秒を使用した。もう一方は、テレビのトーク番組『ごきげんよう』（フジテレビ、2003年10月放送分）のゲストのナラティブ部分を文字化したものである。その中から16ナラティブ、合計76分37秒を用いた[3]。

3.1　指示詞から指標される社会文化的コンテクスト

　本節では、日本語指示詞の中でもこれまでほとんど議論されてこなかった形式の使用を分析する。強い情意表現をする「こんな・そんな・あんな」および「こいつ・そいつ・あいつ」の2種類に注目することにより、同じ形式が場面によって異なる社会文化的コンテクストを指標する事例を見る。また、短いやり取りの中で話者の態度の変化によって異なる指示詞の形式を用いる例や、2人の話者が感情の違いによって異なる形式を選択する例も見ていく。

3.1.1　「こんな・そんな・あんな」

　これまでの著者の研究で、日本語指示詞「こんな・そんな・あんな」（こんな類）が話者の感情や態度を表現する指示詞として、会話の中で頻繁に使われていることを明らかにした（Naruoka 2008, 2014）。従来の文法書の記述では、こんな類は対象の「状態」や「特徴」を指し示す形式とされているが（表1参照）、実際の会話データを分析した結果、状態や特徴を指し示す使用は非常にまれであり[4]、ほとんどの使用が話者の何らかの感情や態度を表現するために使用されていた。次の3例は同じ「そんな」という指示詞の使用

であるが、(1)は否定的感情、(2)は驚き、(3)は謙虚な態度、といった異なる話者の感情や態度が表現されている。例(1)は大学生の友人同士が先生へ書く手紙のことを話している場面で、Kがインフォーマルな手紙を書いたことを述べている。

(1)[5]
1. K ：え: あたし:結構なんか,偉いおじいちゃんの先生とかで［も］,
2. J ：   ［うん］.
3. K ：普通に手紙書いちゃう.
4. J ：(.)んと?
5. K ：うん.
6. J ：あ:,<Qま:,若者だからしょおないな:Q> なんて感じで?
7. K ：(0.5)こないだドラえもんの葉書に,↑ちーちゃい字でいっぱい書いて
                    <@ 出したから @> ［@@@.］
8. J ：   ［出したの?］
9.   ：おじいちゃんに?
→10.   ：[読めないってそんなの @@].
11. K ：[@@@].

8,9行目でJは驚いた様子で、年配の先生にアニメキャラクターの描かれた葉書に小さな文字で便りを送ったのかとKに尋ねている。10行目の「そんなの」(そんな＋名詞化表現)はKが書いた小さな文字の便りのことを指し示していると同時に、その便りを書いたKに対する否定的な感情も表現されている[6]。この場面で「そんなの」の代わりに同じ指示代名詞「それ」を用いることも可能であり、その場合に指示的意味は同じである。「そんなの」と「それ」を使用した場合の違いは、話者の感情の表現であり、前者を用いると、話者の否定的感情が強く表現されるのである。本例と次の2例にも見られるように、本研究の自然発話データにおいて、「それ」を用いることができる場面で「そんな＋名詞化表現」が使用されている例が多く見られた。このことは「それ」の感情表出を伴う形式を「そんな＋名詞化表現」が担っているとして日本語会話の中で慣習化されているともいえる。

次の例は(1)と同じ話者2人がインクジェット専用の年賀状について話している場面である。

(2)
1. J ：あたしインクジェット用のね,
2. ：(.)年賀状？
3. K ：うん.
4. J ：買いたい-,
5. ：(.)かったけど:,
6. ：あれもうすぐ売り切れた.
7. K ：あそうなの？
8. J ：うん.
9. K ：[へ:].
10. J ：[……]みんなパソコンで作るじゃん？
→11. K ：**そんなの**あるんだ:.
12. J ：うーん.
→13. K ：**それ**: え-,
14. ：普通に郵便局が売り出して-,
15. J ：そうそう,
16. ：同じ値段, しかも.

この例で「インクジェット用の葉書」という存在を初めて知り驚いているKは、11行目で葉書を「そんなの」と表現している。しかし、13行目では「それ」を用いている。同じ話し手が短いやり取りの中で、同じ対象に対して別の指示詞の形式を使用している興味深い例である。はじめKはそのインクジェット用の葉書という存在を知らず、驚いた感情を持っているが、それを一度認識し、さらに詳しい情報を引き出すときには「それ」を用いている。つまり、話し手は細かな心情の変化によって、異なる指示詞を選択しているのである。このような微妙な話者の心情の変化で指示表現を使い分けることからも、同じ系列内での形式の選び方は比較的柔軟なもので、従来の文法説明のように何を指し示すかといった意味範疇によって固定的に区別できるものではないことがわかる。

次の例はトーク番組のデータにおいて、ゲスト(LI)が司会者(MC)にほめられたことに応答する場面である。

(3)
1. MC：はい石井ちゃん．
2. 　　：いつもね:,
3. 　　：なんかこ:勉強してるからね:.
4. 　　：[偉いね:].
5. LI ：[いやいや],
→6. 　　：**そんなこと**もないんですけど．
7. 　　：最近あのお医者に言われてね．

　司会者にほめられたゲストは、6行目でほめことばを指し示すのに「そんなこと」という表現を使っている。この例のように、ほめことばの返答として「そんなこと(は)ない」という表現は、日本語会話においてしばしば使用される。ほめられたことに対して「それはない」と言うと、ほめことばを強く否定することになり、ほめた人に対しぶっきらぼうで失礼な返事ととられてしまうかもしれない。「そんなこと」を用いてほめられたことという対象を間接的に指し示すことで、話者の謙虚さを表現することができるといえる。
　これまでの日本語の指示詞の研究では、コ・ソ・アの3つの系列の使い分けについての議論が多くなされてきたが、例(2)および次の例を見ると、話者がコ・ソ・ア間の選択のみではなく、同じ系列の中の別の形式からも選択をしていることが明らかとなる。例(4)は夕食中の母と娘の会話であるが、その中で2人の話者がコ系の異なる形式を選択してスープの味を指し示している。

(4)
1. 娘：..゚あ:何これ゚((スープを飲みながら、低い声で))．
2. 母：@@．
3. 娘：なあにこれ？

    4.　母：冬瓜.
→5.　娘：冬瓜って**こんな**変な味した？
    6.　母：うん,そりゃ今日はほらもうとにかく野菜が:ってんで,
→7.　　：冬瓜スープ普通は**この**味にしないけど.

冬瓜スープについて「あー何これ」「なあにこれ？」という言い方からも明らかなように娘はスープを不味いと思っており、5行目で「冬瓜って<u>こんな</u>変な味した？」と「こんな」を使っている。しかし、そのスープを作った母は特に不味いとは思っていない様子で、7行目で「冬瓜スープ普通は<u>この</u>味にしないけど。」と述べている。つまり、この例では対象への否定的な感情があるかないかによって同じコ系の異なる形式を用いているのである。このように日本語話者がコ・ソ・アの系列間のみでなく、同系列内の形式の中からも選択し、さらにその選択が話者の感情や態度に基づく場合があることがわかる。

3.1.2　人物を指し示す指示詞

　日本語には人物を指し示す指示詞の表現が複数存在し、それぞれの表現が話者の態度や場面の改まり度、話者と聞き手の対人関係や話者の性別、などといった複数の異なる社会文化的コンテクストを指標している。さらにどのようなコンテクスト要素を指し示すかは、実際の発話場面を見なければ分からず、複数あるうちのどのコンテクスト要素に焦点が当てられているかは、場面によって異なる。例えば日本語では初めて見た人を指して：(a) あちらどなた？；(b) あの人どなた／誰？；(c) あれ誰？；(d) あいつ誰？、などの表現で言い表すことが可能である。(a)～(d) はすべて同じア系列の指示詞を使用しており、話者が指示している対象人物が誰であるか、という同一の命題内容（指示的意味）を伝えている。これらの表現の違いを説明するためには、指示詞と社会文化的コンテクストの関係を無視することは出来ない。(a) の「あちら」という指示詞は文法書では方向を指し示す丁寧な表現とされているが(表1を参照)、実際には人や物、場所を示す際の丁寧表現として使用されている。そのため人物を指すときの「あちら」という表現からは対

象への敬意(その人が明らかに年上など)や場面が改まっている様子、話し相手への敬意が表現される[7]。

(b)の「あの人」という表現は話者が知らない人物に対して使う場合は比較的中立なニュアンスであり、その後に「どなた」か「誰」のどちらの表現が続くかによって指し示すコンテクストも変化する。しかしながら、既出の人物を指す前方照応として「あの人」という表現が使用される場合には、話者の否定的な感情など社会的、感情的な距離感が加わる場合が多い(Mayes and Ono 1991)。

人物を指し示す際の(c)「あれ」という表現は少々ぞんざいな表現であり、話者と聞き手が親しい間柄であることや、話者が聞き手より目上の場合であることが指標される。また話者が対象人物に対して何らかの否定的な感情を持っていることが示される場合もあるだろう。(d)の「あいつ」もぞんざいな表現である。この表現を使うことで話者が男性であることや、男性のような話し方をしていることが指標される。また、くだけた場面であるとか、話者と聞き手の関係が親しいものであるか、もしくは話者が目上の場合であることが示される。対象人物への否定的な感情や態度が表現される場合もある。

(a)〜(d)はすべて同じア系列の指示詞を用い、話者が指示している対象人物が誰であるかという、伝える命題内容は同じであるが、その表現が発せられる場面において指標されるもの、つまり、対象や聞き手に対する話者の感情や態度、話者と聞き手の対人関係(年齢、上下関係、親疎関係)、話者の性別、場面の改まり度、などといった社会文化的コンテクスト要素が異なる。そして、日本語には英語における "Who is that (person)?" といった表現のような中立的な表現は存在せず、Matsumoto (1989) が日本語では英語の be 動詞のような中立的な表現は存在しないと述べたのと同じように[8]、日本語話者は人を指す指示表現に関しても、さまざまなコンテクスト要素を考慮しながら適切な形式を選択していると言える[9]。

次に、具体例として、指示詞「あいつ」という表現の使用を会話データで見てみる。以下の2例からは、ひとつの指示詞の形式がインターアクション

によって多様な社会文化的コンテクストを指標することが分かる。例(5)は家族の会話の中で父親が「プロ野球選手は若手であっても少し活躍すると高い給料をもらえるために威張っている」という話をしている場面である。父親は「あいつら」という表現を用いてプロ野球選手を指し示すことで、同時に選手に対する否定的な感情を表現している。

(5)
1. 父：昨日昨日プロ野球に入ったみたいなやつが 4,5 千万,
2. 　：(.)ちょっと活躍すりゃもらってるわけだろ？
3. 娘：↑そうなの:?
4. 父：↑おう.
→5. 　：ばんばんばんって上がってんだから**あいつら**.
6. 　：給料.

　一方、例(6)では、話者の対象人物への親しみの感情が表現されている。男子大学生の話者Hが高校生の頃の彼女をほめている場面であるが、彼女を一旦「彼女」と導入した後、「あいつ」と言い表している。この「あいつ」という表現により話者と対象人物の親しい関係が示されている。さらに、「あいつ」を繰り返し使うことで、対象人物への親しみが一層強調されている。

(6)
1. H：そうそう,だ - 俺そうだもん.
2. 　：高 [校んときのさ:,]
3. K：　　[あ:,まあね.]
→4. H：高校の時の,だって,彼女は,**あいつ**はもう,
5. 　：ほんとやってたじゃんなんか一生懸命.
6. K：あん.
→7. H：だからあれを,**あいつ**の写真を見ると,あー**あいつ**がんばってたな:,
8. 　：ってさ:,負けられね: な:,
9. K：何が負けられないの？@@@.

　これらの例からは、「あいつ」という表現が対象をぞんざいな言い方で指

し示すだけでなく、多くの場合に話者が男性であること、またくだけた場面であることなどが指標されている。さらに、上の2例のように、話者の対象人物に対する否定的な態度を示すこともあれば、親しみの感情を示すこともある。このように、同じ指示詞であっても実際のインターアクションの中で観察しなければ、どのような社会文化的コンテクストを指標しているかは明らかにならないのである。

3.2 相互行為の中の「これ・それ・あれ」「この・その・あの」

本節では、これまで多くの指示詞研究で対象とされてきた「これ・それ・あれ」「この・その・あの」をインターアクションの中で見ることにより、それらが指標する社会文化的コンテクストと、使用によるダイナミックな働きを明らかにする。まずそのダイナミックな機能を説明するための理論的枠組みを示す。

類型論的な議論をしている Anderson & Keenan (1985)、Fillmore (1982) などは日本語の指示詞を距離(話者や聞き手から指示対象までの距離)の概念で説明しているが、佐久間 (1951) が話者と聞き手の「勢力圏」という概念を示して以降は距離のみで説明する日本語指示詞研究はほとんどない。この佐久間の概念は服部 (1968) の「勢力範囲」や神尾 (1990) の「なわ張り」などに影響を与えてきた。これらの概念は大まかに述べると、話者と聞き手には「範囲」又は「なわ張り」があり、指示対象が話者の範囲内にあるか、聞き手の範囲内にあるか、それとも両方の外にあるかで、それぞれコ・ソ・アの指示詞を用いるとしている[10]。

日本語指示詞の研究でしばしば使用される「なわ張り」の概念をより柔軟なものととらえた概念として Laury (1997) の "socially-defined sphere" と Enfield (2003) の "here-space" がある。Laury はフィンランド語会話での指示詞の使用を観察し、話者と聞き手の範囲 "sphere" は元来固定的にあるものではなく、インターアクションの中で常に変化しているものであると主張した。またその範囲は指示詞の使用から示されるだけではなく、時には指示詞の使用によって新たに構築されることもあるとしている。つまり、指示詞

とは発話時の話者・聞き手・指示対象に関する状況を反映して使われるだけでなく、指示詞の使用により新たなコンテクストが創り出される場合もあるとしている。同様に、Enfiled はラオ語の指示詞の観察から、話者の範囲 "here-space" は元々存在しているものではなく、発話のその瞬間に何らかの目的の下に生じるものであるとしている。

さらに Hanks (1990, 1992) ではこれらの範囲が投影される "indexical ground" もインターアクションの中で常に変化するものであるとした。Hanks は、ダイクシスの指標的意味とは、言語使用と使用されたコンテクストとの相互作用から生じるものであるとし、そのコンテクストとは、静的 (static) なものではなく、動的 (dynamic) なものであり、インターアクションにおける「プロセス」であると捉えている。そのため、言語のコンテクスト依存性という際には一時のコンテクストに依存しているのではなく、プロセスに依存しているのであると述べている。以上のような柔軟な範囲の捉え方、およびコンテクストの捉え方をもって指示詞「これ・それ・あれ」「この・その・あの」の使用を見ていく。

ア系の指示詞は対象が話者と聞き手の両方の範囲の外にある場合に使用されることから、両者が同じ視点を持つような連帯感を示す機能があることが、これまでの研究においても指摘されている (堀口 1978, Kitagawa 1979, 水谷 1985, Shibatani 1990, Ono 1994)。次の例では会話参加者がお互いに「あれ」を繰り返し使用することでこの連帯感が更に強く示されている ("solidarity type" Lakoff 1974)。これは親しい友人同士が郵便局で販売されていたキャラクターの挿絵のある葉書について話している場面である。

(7)
1. K ：5枚セットで買っちゃった [し：いっか：],
2. J ：   [@@@].
3. K ：とかいって.
→4. J ：あたしも買っちゃった: **あれ**.
→5. K ：かわいいよね: **あれ**.

→6.　J　：うちの近くの郵便局並んでたよ: **あれ**で．
　7.　K　：[うそ]?
　8.　J　：[最初]発売したとき．
　9.　K　：は:ん．

　この例では、挿絵付きの葉書を「あれ」を使って表現しているが、ここでは「あれ」を省略しても発話の命題内容に変化はなく、指示的機能をほとんど持たないと言える。しかし、話者JがKの導入した葉書について「あれ」と表現し、さらに4-6行目で2人が「あれ」を互いに繰り返し使用することで、対象への好意的感情を共有していることを確認し合うこととなり、2人の間の連帯感が表現されている。
　また、2人が共に「あれ」を発話の最後に述べる表現構造の発話を発していることにも注目したい。ここでは語順の逆転が起きているが、後述された要素(つまり「あれ」で示される対象：葉書)やそれに対する話者の感情を強調する役割があり (Ono and Suzuki 1992, 藤井1995)[11]、指示詞の繰り返しと共に、語順によっても2人の対象への好意的感情が表現されている。さらに、似たような発話の構造の中で「あれ」を使うことで、ディスコース・マーカー (cf. Schiffrin 1987) としての機能を果たし、談話の繋がりを強めていると共に、対象への共感を確認しあうことで、2人の話者の心的繋がりも強めていると考えられる。
　例(7)における「あれ」の使用は、日本語会話で頻繁に使用される終助詞「ね」と類似した機能を持つと考えられる。Cook (1992) は、終助詞「ね」は話者と聞き手の共感を指標し、2人の間の連帯感を強める働きがあるとしている。また、この例に限らず、本研究のデータに見られたその他の多くの「あれ」や「あの」の使用は、「ね」と統語的な位置、つまり発話の最後に現れるという点でも共通する。この特徴は、日本語の会話においては、発話の最後の位置にくる言語要素が話者の態度や対人関係の調節 (solicit rapport) に強く関わる (Maynard 1989: 39, Ono and Suzuki 1992: 58) 点にも合致する。
　次に「それ」や「その」の使用が話者の疑いの気持ちや否定的感情を指標し、その繰り返しにより感情が強調され、話し相手の態度にも影響を与えて

いる例を見る。ソ系の指示詞は対象が話者の範囲外、聞き手の範囲内にある場合に使用されるが、会話の中では話者が対象を自分の範囲に入れたくない、相手の範囲に留めておきたい場面にも使われていた。つまりソ系の指示詞が、相手が会話に持ち込んだ対象を受け入れ難いというような、相手と対立する意見や感情を表現する役割を果たしていた。例(8)は友達同士の会話で、Kがある女優の中学生時代の噂話について述べているが、その噂話が信じ難い、という疑いの気持ちが「それ」や「その」の反復使用により強く示されている。

(8)
1. K：あいつだってさ: あいつと一緒の(.)中学のやつがいたの:.
2. H：うん.
3. K：給食の(.)なんか(.)食いもん手で食ってたとか言ってたよ.
4. H：は？
5. K：なんか.
6. H：は？
→ 7. ：[どういうこと**それ**]？
8. K：[なんか]スパゲッティかなんか.
9. H：手で食ってた:？
10. K：手で掴んで食ってた.
11. H：[1 @@@ <@ うっそ @> @@ 1].
12. K：[1 分かんないよでも 1].
→13. H：**そ-そ:れ**は [2 : 2],
14. K：   [2 ほんと 2] かどうかは分かん [3 ない 3].
→15. H：   [3 **それ** 3] は何なの**その**手で食ってたって.
16. K：知らない.
→17. H：**それ**おかしくない？
18. K：おかしいよな:.
→19. H：**それ**なんか誇張してんじゃないの？
→20. ：手で食ったって**それ**おかしいよ.
21. K：あん.

22.　　　：ま(.)けど信じてないけどな.
23.　H：うん.

このやり取りは、Kの話、つまりある女優が中学生の時に食べ物を手で掴んで食べていた、という噂話に対してHが驚き疑っている場面であり、噂話の内容を指示詞「それ」や「その」で表現している。驚き、疑い、そして不信感という態度はある情報を受け入れない、受け入れられないことであるため、話者の範囲の外側、聞き手の内側に対象を置く「それ」や「その」を使用している。この例では全ての「それ」と「その」の使用を省略しても命題内容は変化せず、理解可能であることからも、これらの指示詞が指示機能をほとんど持たず、感情や態度の表出の機能を果たしていることが分かる。

さらにこの例で興味深いことは、Hがソ系指示詞を反復するにつれて、1) Hの発話内容が驚き→疑念→強い否定的感情と変化していること、2) 対象を導入したKも徐々にHに同意していくことである。これはあたかもHがソ系の指示詞を繰り返すことで対象を相手の範囲に押し込むようにしており、一方でKもその対象を自分の範囲に留めるのを避けようとしているかのようである。このように、ソ系指示詞の使用を繰り返すことで、話者自身の感情を強め、相手の態度にも影響を与え、会話の流れを変えるような役割さえ担っていると言える。

最後に、同じ対象に対して「あの」と「この」といった異なる指示詞を用いて話者が強い否定的感情を表現している例を見る。これは20代半ばの2人の姉妹が、男性との出会いがないことを嘆いているやり取りであるが、その中でMが自らの職場では全く出会いがないと述べている場面である。

(9)
1.　N：でも意外とこうほら衝撃の出会いがあるかもしれないし.
2.　M：そうだよ.
3.　　　：Nちゃんは学生だから出会いがあるよ.
4.　N：あるかな:?
→ 5.　M：私なんても:**あの**[1 閉鎖 1] された会社の中で [2 誰も 2] ↑いないっちゅうの,

        6.　N :　　　　　　　　[1 ん: 1]　　　　　　　[2 @@ うそ: 2].
        7.　M : みたい [3 な 3].
        8.　N :　　　　　　　[3 @@@ 3],
        9.　M : <@ いないっちゅうの @> @@@.
       10.　M : 誰もやだ [4 ちゅうのみたいな @@@ 4].
       11.　N :　　　　　　　[4 @@@ @@@ 4],
    →12.　M : なんだよ [5 **この** 5] 会社って感じ.
       13.　N :　　　　　　　[5 ん: 5].

M は 5 行目で自らが働く会社を「あの閉鎖された会社」と表現し（5 行目がこの会話で M の会社の初出）、12 行目では「この会社」と表現している。異なる指示詞が使用されているが、同じ対象への否定的な感情を表現している。「あの」を使用した際には対象を話者（と聞き手）の範囲の外に出すことで、否定的な感情を表現している（"social/emotional distance" Mayes and Ono 1991）。それに対し「この」を使った際は、M はあたかもその会社にいるようなコンテクストを会話中に作り出し、会社に面と向かって文句を言っているようなセリフを発している。さらに引用のような表現にすることで、感情を臨場感をもって表現することが可能となっている。「この会社」を省略しても十分話者の否定的感情は表現されているが、対象を明示することで、対象に直接感情をぶつけることに成功している。このように、同じ否定的な意見を述べているものの、異なる 2 つの視点から対象を捉えて表現することで、話者の強い感情が表現されている。

　Laury (1997) は指示詞とは実際のインターアクションが行われている場の状況を反映して使用されるばかりではなく、話者が（空想であっても）その状況をどのように見ているか、どのように認知しているのかを時には創造的に映し出すものであるとしている (1997: 57)。本研究のデータからも、話者が指示詞の使用によって例 (8) のように会話の流れを変える、例 (9) のように新たなコンテクストを作り出す、など臨場感を加えた感情表現をしていた。

　以上のように、自然発話のインターアクションの中で指示詞の使用を分析すると、従来の文レベルの分析では見えてこなかった指示詞の機能が明らか

になった。同じ指示詞「あれ」を2人の話者が互いに使用することで、対象への好意と共に、二者間の共感が表現されたり、ソ系指示詞を話者が繰り返し用いることで対象及び相手への否定的感情が強く表現されたり、異なる指示詞を用いて違う視点から対象を指し示すことで話者の強い感情が表現されていた。これらの例からは、話者の細かな感情の変化や、修辞的なストラテジーによって指示詞を使い分けるといった、指示詞の持つ創造的な一面が明らかになった。

4. 機能的文法要素と社会文化的コンテクスト

前節では、日本語指示詞の使用から指標されるさまざまな社会文化的コンテクスト要素を示したが、使用例からも明らかなように、ある指示詞がどのコンテクスト要素を示すのかを理解するためには、発話の状況や周りのやり取りを観察する必要がある。ひとつの形式が場面によって異なるコンテクスト要素を指標するため、形式とそれが示す社会文化的な意味が一対一の繋がりではなく、その場での相互行為の中で見て初めて解釈できることを示した。

指示詞の選択に関わる社会文化的コンテクストを振り返ってみると、対象や聞き手に対する話者の感情や態度をはじめ、話者と聞き手の対人関係（年齢、上下関係、親疎関係）、話者の性別、場面の改まり度、など広範囲にわたっていた。しかし、それらは日本語に特徴的な言語要素の分析の中でしばしば議論されるコンテクスト要素であった。日本語には、Maynard (1997a) や井出 (1998, 2006) が述べるように、社会文化的コンテクスト情報を指標する言語要素が多く存在する。そしてそれらの多くが今回見た指示詞が指標する社会文化的コンテクストと同じようなコンテクスト要素を指標している。指示詞と同じダイクシスである人称代名詞の選択にも、日本語では社会文化的コンテクスト要素の考慮なしには考えることはできない。一人称および二人称代名詞の使用からは話者の性などのアイデンティティ、場の改まり度、話者と聞き手の対人関係、聞き手に対する話者の態度などといった社会文化

的コンテクスト要素が指標される。日本語の中で重要な存在としての敬語—"social deixis"と呼ばれる—が指標する社会文化的コンテクストも、指示詞や人称表現と重なる。

　日本語では、人称表現や敬語以外にも、文法の中で機能的役割を担うものや、語用論的に不可欠な要素であると同時に、社会文化的コンテクスト、特に話者の感情や態度を指標する言語要素が、これまでの言語研究の中で示されている。例えば、受け身の表現「〜される」などは話者の感情、特に被害感情を表現する場合があることはよく知られており (e.g., Kuroda 1979, 久野 1983, Iwasaki 1993)、完了を表現するアスペクトの接尾語である「〜てしまう」とその省略形「〜ちゃう」の使用からは、話者の否定的な感情を表現することがこれまでの研究で示されている (e.g., 藤井 1992, Iwasaki 1993, Suzuki 1999)。また、名詞化表現として日本語の話しことばに頻繁に使用される「の」「こと」「わけ」などは、話者の感情や評価的態度を示すとされている (e.g., Maynard 1996, 1997b)。「よ」「ね」「ぞ」などの終助詞は、日本語の会話にはなくてはならない言語要素であるが、これらは話者の発話に対するスタンスを示したり、話者のアイデンティティを示したりする役割を担っていることが多くの研究で議論されている (e.g., Ide 1982, Mizutani and Mizutani 1987, Reynolds 1990)。さらに、助詞の「なんか」「なんて」が、主題の格助詞として使用されると同時に、話者の否定的態度を示すほか、ヘッジ表現となることも明らかにされている (e.g., Aoki and Okamoto 1988, Suzuki 1998)。このように、日本語においては、さまざまな言語要素が機能的、語用論的役割を担いつつ、話者の感情や態度などの社会文化的コンテクストを指標している。つまり、日本語のインターアクションで重視される社会文化的コンテクストが日本語の指示詞、人称代名詞、敬語などのダイクシス体系、そしてさまざまな文法要素に組み込まれているのである。

　Hanks (1996) はダイクシスの使用を理解するのに必要なのは、客観的なコンテクストではなく、その文化において重要な社会文化的コンテクストであり、話者たちの持つ価値観 (value)、視点 (perspective) や習慣的な実践 (routine practice) によって決まる (1996: 241) と述べている。本稿ではこれと

同様に、日本語の指示詞が指標するコンテクストは、日本語の他の言語要素の使用の際にも重視される社会文化的コンテクストであることを示した。そしてこのことは、ダイクシスに限らず、言語要素の持つ本来の機能を理解するためにはどのような実践をしているか、といった母語話者の自然な相互行為を分析してはじめて明らかになることを示唆している。

5. おわりに

　本稿では、指示詞の使用を相互行為の中で見ることにより、如何に、そして如何なる社会文化的コンテクストを指標しているのかを見た。日本語指示詞の「こんな・そんな・あんな」「こいつ・そいつ・あいつ」は、話者の感情や態度など、やり取りの中の社会文化的側面を指標していた。また、指示詞の形式とコンテクスト要素は必ずしも対になっているものではなく、どのコンテクスト要素を指し示すかはまさに「実践」の中で観察しなくては理解することが困難であることを明らかにした。

　同じような現象を「これ・それ・あれ」「この・その・あの」の使用にも見た。指示的意味をほとんど持たない繰り返しの使用などでは、その使用によって連帯感を示す、相手を突き放す、強い否定的感情を表現するといった、相互行為の中で指示詞の使用が新たなコンテクストを作り出す役割を担っていた。

　また、指示詞の指標する社会文化的コンテクストが広範囲にわたっているものの、その指標されるものは指示詞以外のダイクシス表現やその他の機能的、語用論的役割を持つ言語要素が指標するコンテクストと重なるものであった。日本語のインターアクションにおいて重視されているコンテクストが、指示詞およびその他のさまざまな言語要素からも指標されていることを考察した。

　本稿ではこれまで対象を指し示すという指示的機能ばかりが注目されてきた指示詞を研究対象とし、非指示的な役割を明らかにしたが、その他の言語現象も相互作用の中で見ることで、従来の研究で見逃されてきた非指示的、

社会文化的機能が新たに明らかになるのではないかと考える。

注

1 その他ダイクシスの先行研究が実際の使用を分析していないことに対する批判には Strauss (1993)、Laury (1997)、Enfield (2003) などがある。
2 『岩波講座日本語：文法 1』(山口 1976)、『日本国語大辞典』(2001)、『日本語文法大辞典』(山口・秋本 2001)など参照。
3 この番組のナラティブ部分とは、ゲスト3人のうち1人があるトピックについて3〜5分間話をしている部分を言う。発話場面での直接的な聞き手となるのは司会者と他の2人のゲストであり、その他に会場の観客とテレビの視聴者も間接的な聞き手となる。
4 ジェスチャーが共起する発話において、ジェスチャーが対象の特徴を説明するようなものである場合、「こんな○○」と表現することで対象の特徴が示される場合が数例見られた。しかし、その場合にも話者の対象への何らかの感情や態度を伴っていた。
5 文字化に際し、@ は笑い、<@ words @> は笑いを伴う発話、<Q words Q> は引用のような発話を示す。
6 この例の「そんなの」はKに対する否定的感情が表現されているが、やり取りの後半に笑いが頻繁に起きていることから、JはKのことをからかっている (teasing) と見られる。
7 指示詞「こちら・そちら・あちら」は従来「こっち・そっち・あっち」の丁寧な形式として扱われてきたが、久島(2007)は、実際には物を指し示す指示詞「これ・それ・あれ」および場所の指示詞「ここ・そこ・あそこ」の丁寧な形式としても使用されていること、そしてその理由として物や場所を示す際の丁寧な形式が日本語の指示詞体系に存在しないからであると述べている (2007: 136)。この説明から、日本語では動詞などと同様に、指示詞体系にも丁寧形がなくてはならないことが示唆される。
8 Matsumoto (1989) は「今日は土曜日だ」「今日は土曜日です」「今日は土曜日でございます」という3つの表現を例に出し、3種類の繋辞には中立的なものはなく、それぞれが何らかの社会文化的コンテクストを指標するとしている。
9 英語では指示詞に続く名詞(句)の選択によって社会文化的コンテクスト要素を指標することが可能である ("Who is that gentleman?" や "Who is that jerk?" など)。

10 この「範囲」もしくは「なわ張り」の概念だけでは日本語指示詞の使用は完全に説明できないとし、「なわ張り」と「距離」の概念の両方を用いる説や（阪田 1971 など）、「なわ張り」と対象に関する知識の共有度を用いる説（Kuno 1973 など）がある。金水・田窪（1990、1992）は現場指示と文脈指示の両方を一度に説明する概念として、メンタル・スペースの理論を用いた。そして、心的距離と話者が直接体験したことであるかという点からコ・ソ・アの使い分けを示した。

11 藤井（1995）は、"anaphoric meaning" つまり指示的意味が少ない場合に、より強調の役割を持つという解釈が有効になるとしている。

参考文献

Anderson, Stephen and Edward Keenan. (1985) Deixis. In Timothy Shopen. (ed.) *Language Typology and Syntactic Description*, pp.259–308. Cambridge: Cambridge University Press.

Aoki, Haruhiko and Shigeko Okamoto. (1988) *Rules for Conversational Rituals in Japanese*. Tokyo: Taishuukan.

Cook, Haruko Minegishi. (1992) Meanings of Non-Referential Indexes: A Case Study of the Japanese Sentence-Final Particle *Ne*. *Text* 12 (4): pp.507–539.

Duranti, Alessandro. (1997) *Linguistic Anthropology*. Cambridge: Cambridge University Press.

Enfield, Nicholas J. (2003) Demonstratives in Space and Interaction: Data from Lao Speakers and Implications for Semantic Analysis. *Language* 79 (1): pp.82–117.

Fillmore, Charles J. (1982) Towards a Descriptive Framework for Spatial Deixis. In Robert J. Jarvella and Wolfgand Klein. (eds.) *Speech, Place, and Action: Studies in Deixis and Related Topics*, pp.31–59. New York: John Wiley and Sons Ltd.

藤井洋子（1995）「日本語の語順の逆転について―会話の中の情報の流れを中心に」高見健一編『日英語の右方移動構文―その構造と機能』pp.149–165. ひつじ書房

藤井由美（1992）「『してしまう』の意味」言語学研究会編『ことばの科学』5: pp.17–40. むぎ書房

Hanks, William F. (1990) *Referential Practice: Language and Lived Space among the Maya*. Chicago: University of Chicago Press.

Hanks, William F. (1992) The Indexical Ground of Deictic Reference. In Alessandro Duranti and Charles Goodwin. (eds.) *Rethinking Context*, pp.43–76. Cambridge: Cambridge University Press.

Hanks, William. F. (1996) Language Form and Communicative Practices. In John J.

Gumperz and Stephen C. Levinson. (eds.) *Rethinking Linguistic Relativity*, pp.232–270. Cambridge: Cambridge University Press.

Hanks, William F. (2005) Explorations in the Deictic Field. *Current Anthropology* 46 (2): pp.191–220.

服部四郎(1968)『英語基礎語彙の研究』三省堂

堀口和吉(1978)「指示語の表現性」『日本語・日本文化』8: pp.23–44. 大阪外国語大学

Ide, Sachiko. (1982) Japanese Sociolinguistics: Politeness and Women's Language. *Lingua* 57: pp.357–385.

井出祥子(1998)「文化とコミュニケーション行動―日本語はいかに日本文化と関わるか」『日本語学』17: pp.62–77.

井出祥子 (2006)『わきまえの語用論』大修館書店

Iwasaki, Shoichi. (1993) *Subjectivity in Grammar and Discourse*. Amsterdam and Philadelphia: John Benjamins.

神尾昭雄 (1990)『情報のなわ張り理論―言語の機能的分析』大修館書店

金水敏・田窪行則 (1990)「談話管理理論からみた日本語の指示詞」日本認知科学会編『認知科学の発展』3: pp.85–115. 講談社

金水敏・田窪行則編 (1992)『指示詞』ひつじ書房

Kitagawa, Chisato. (1979) A Note on *Sono* and *Ano*. In George Bedell, Eichi Kobayashi, Masatake Muraki. (eds.) *Explorations in Linguistics: Papers in Honor of Kazuko Inoue*, pp.232–243. Tokyo: Kenkyusha.

Kuno, Susumu. (1973) *The Structure of the Japanese Language*. Cambridge, MA: MIT Press.

久野暲(1983)『新日本文法研究』大修館書店

久島茂(2007)『はかり方の日本語』筑摩書房

Kuroda, Shigeyoshi. (1979) On Japanese Passives. In George Bedell, Eichi Kobayashi and Masatake Muraki (eds.) *Explorations in Linguistics: Papers in Honor of Kazuko Inoue*, pp.305–347. Tokyo: Kenkyusha.

Lakoff, Robin T. (1974) Remarks on *This* and *That*. *Papers from the Tenth Regional Meeting of the Chicago Linguistic Society*: pp.345–356.

Laury, Ritva. (1997) *Demonstratives in Interaction*. Amsterdam: John Benjamins.

Levinson, Stephen. (1983) *Pragmatics*. Cambridge: Cambridge University Press.

Matsumoto, Yoshiko. (1989) Politeness and Conversational Universals: Observations from Japanese. *Multilingua* 8: pp.207–221.

Mayes, Patricia and Tsuyoshi Ono. (1991) Social Factors Influencing Reference in Japanese: With a Special Emphasis on *Ano Hito*. *Santa Barbara Papers in Linguistics* 3: pp.84–93.

Maynard, Senko K. (1989) *Japanese Conversation: Self-Contextualization through Structure and Interactional Management.* Norwood, NJ: Ablex.

Maynard, Senko K. (1996) Contrastive Rhetoric: A Case of Nominalization in Japanese and English Discourse. In Katarzyna Jaszczolt and Ken Turner. (eds.) *Contrastive Semantics and Pragmatics*, pp.933–946. Oxford: Elsevier Science, Ltd.

Maynard, Senko K. (1997a) *Japanese Communication: Language and Thought in Context.* Honolulu: University of Hawaii Press.

Maynard, Senko K. (1997b) Shifting Contexts: The Sociolinguistics Significance of Nominalization in Japanese Television News. *Language in Society* 26: pp.381–399.

メイナード,泉子 K.(2006)「指示表現の情意―語り手の視点ストラテジーとして」『日本語科学』19: pp.55–75

Maynard, Senko K. (2007) *Linguistic Creativity in Japanese Discourse: Exploring the Multiplicity of Self, Perspective, and Voice.* Amsterdam and Philadelphia: John Benjamins.

水谷信子(1985)『日英比較話しことばの文法』くろしお出版

Mizutani, Osamu and Nobuko Mizutani. (1987) *How to Be Polite in Japanese.* Tokyo: The Japan Times.

Naruoka, Keiko. (2008) Expressive Function of Japanese Adnominal Demonstrative *Konna/Sonna/Aanna*. In Mutsuko Endo Hudson, Peter Sells, and Sun-Ah Jun. (eds.) *Japanese/Korean Linguistics* 13: pp.433–444. Stanford: CSLI Publications.

Naruoka, Keiko. (2014) Toward Meanings of Expressive Indexicals: The Case of Japanese Demonstratives *Konna/sonna/anna*. *Journal of Pragmatics* 69: pp.4–12.

日本国語大辞典編集委員会編(2001)『日本国語大辞典』第二版 小学館

Ono, Kiyoharu. (1994) Territories of Information and Japanese Demonstratives. *Journal of the Association of Teachers of Japanese* 28: pp.131–155.

Ono, Tsuyoshi and Ryoko Suzuki. (1992) Word Order Variability in Japanese Conversation: Motivations and Grammaticization. *Text* 12: pp.429–445.

Reynolds, Katsue A. (1990) Female Speakers of Japanese in Transition. In Sachiko Ide and Naomi McGloin. (eds.) *Aspects of Japanese Women's Language*, pp.129–146. Tokyo: Kuroshio Shuppan.

阪田雪子(1971)「指示詞『コ・ソ・ア』の機能について」『東京外国語大学論集』21: pp.125–138

佐久間鼎(1951)『現代日本語の表現と語法』恒星社厚生閣

Schiffrin, Deborah. (1987) *Discourse Marker.* Cambridge: Cambridge University Press.

Shibatani, Masayoshi. (1990) *The Languages of Japan.* Cambridge: Cambridge University

Press.

正保勇 (1981)「コソアの体系」『日本語の指示詞』pp.51–122. 国立国語研究所

Strauss, Susan. (1993) Why 'This' and 'That' are not Complete without 'It'. *Papers from the Twenty-Ninth Regional Meeting of the Chicago Linguistic Society*: pp.403–417.

Suzuki, Ryoko. (1999) Language Socialization through Morphology: The Affective Suffix *-Chau* in Japanese. *Journal of Pragmatics* 31: pp.1423–1441.

Suzuki, Satoko. (1998) Pejorative Connotation: A Case of Japanese. In Andreas H. Jucker and Yael Ziv. (eds.) *Discourse Markers: Descriptions and Theory*, pp.261–276. Amsterdam and Philadelphia: John Benjamins.

山口明穂・秋本守英編 (2001)『日本語文法大辞典』明治書院

山口佳紀 (1976)「体言」大野晋・柴田武編『岩波講座日本語：文法 1』pp.129–168. 岩波書店

会話における動詞由来の反応表現
―「ある」と「いる」を中心に―

鈴木亮子

1. はじめに

　人間の基本的な営みのひとつでもある日常の会話を分析対象として文法のありようを探究する試みは、言語学において近年盛り上がりを見せている。その中には社会学の会話分析に大いに触発されて発展してきた相互行為言語学 (interactional linguistics)・認知科学の流れをくむ用法基盤言語学 (usage-based linguistics)・語用論 (pragmatics) などの潮流がある。ここではこれらの流れに沿って、会話のある瞬間において主たる話し手が行った発話に対して聞き手が反応するときの言語表現を取り上げる。

　日本語の会話の中で主として「あいづち」、backchannels, reactive tokens などと呼ばれる表現は、出現頻度が非常に高く種類も豊富にあるため今まで多くの研究がされてきているが、ここではまだ記述が殆どされていない動詞由来の反応表現に焦点をあてる。特に存在動詞「ある」「いる」に由来する反応表現に着目し、形式・意味機能・言語変化の観点から考察を加え、動詞由来の表現の創発も、広い意味での文法化ととらえることができることを示す。

　日本語の日常会話において、私たちは聞き手に回っているとき頻繁に相手に対して反応を示し、視線を向け、うなずきや音声でのフィードバックを欠かさない。それがないと相手も反応を待ってしまう。一般的に会話参加者のこのような行動は日本語ではあいづちと呼ばれ、国内外の研究者により多くの研究がされてきており、その種類や意味機能、頻度とタイミング、言語文

化間比較などの面から多角的に記述がされてきた（例：Maynard 1986、永田 2004、大浜 2006）。

　本稿では Clancy, Thompson, Suzuki and Tao (1996; 以下 CTST) と Iwasaki (1997) による反応表現の定義と分類を起点とする。CTST (1996) は、あいづちなどの聞き手による反応表現を英語・中国語・日本語において比較検討し、形式的・機能的特徴で分類し出現頻度等の比較を行った。彼らは反応表現を「他の人が話している間、聞き役をしている人が発する短い発話」と定義し、以下に示す5種類に分類している。

1) backchannels：非語彙的な音声で、相手に継続して話すことを促したり、興味を持って聞いていることを示したり、相手の言っていることを理解しているということを知らせる働きを持つ。（例：うん、*uh-huh*）
2) reactive expressions：：単語や句からなる反応の表現だが、それを発することでターン交替は起こらない。評価表現 (assessments: Goodwin 1986, Goodwin and Goodwin 1987) が含まれる。（例：すごい、ほんと、そう、いいなあ, *yeah, sure*）
3) collaborative finishes：話し手が途中まで言ったことに続けて聞き手がその発話を完了する。
4) repetitions：聞き手が、直前の話者の発話の部分を繰り返すことで反応を示す。それらは、短くまた独立したイントネーションユニットで起こる傾向があり新しいターンの冒頭に生起する。
5) resumptive openers：「あ」「ああ」など、新しいターンの冒頭に起こる短い音声。ターンの冒頭で起こるという点において上記 1) から 4) の反応表現とは、質を異にする。

　Iwasaki (1997) は、CTST (1996) のいう reactive tokens に大方相当するものを backchannel expressions とよび、"verbal attention in a supporting (i.e., non-disagreeing, non-challenging) manner (665)"（主に別の話し手の発話の最中または直後に、「協力的に（つまり不賛成・挑発的ではなく）行う言葉によ

る配慮」)と定義して、形式の面から以下の3種類に分類している(666)。
1) non-lexical backchannels：指示内容を(殆ど)もたない音声(例：ん、ええ、あー、ふーん)で、種類は限定的(a closed set)。
2) phrasal backchannels：1)よりも意味内容があるもの。1)と同じく原則として種類は限られている(例：ほんと？ そうですか。なるほど。)が、時に新規参入するものもある("basically a closed set though occasional innovation is allowed")として、近年聞かれる「うっそー」「まじー？」などの表現を新規参入例にあげている(666)。
3) substantive backchannels：1文以上からなる反応の表明。別の話者が直前に言ったことを繰り返したり要約したりする場合などがこれに含まれる。

　CTST(1996)の反応表現の定義は、基本的にはターン交替がないという談話構造上の性質に基づき、そしてIwasaki(1997)の定義は、言葉による配慮という談話上の機能に依拠している点が異なるが、本稿では反応表現として機能している動詞群を同定するのに、両方の定義を参照しつつ分析を進めた。ここで扱う「あるある」などの反応表現群は語彙的であることからCTST(1996)の分類では2)reactive expressionsに相当し、またIwasaki(1997)の分類では2)phrasal backchannelsと呼ばれているものに該当する。とくにIwasakiが「ときに新規参入するものもある」と述べている点は興味深い。なぜなら本稿で取り上げる「あるある」などの動詞由来の反応表現は、比較的最近の言い方のように(少なくとも筆者が尋ねた同年代の母語話者数名には)感じられ、新規参入組といえそうだからである。
　本稿ではこれ以降、動詞系の反応表現、特に存在をあらわす動詞「ある」と「いる」に由来する表現を中心に据えることとし、それ以外の表現群についての詳しい分析は別の機会に譲る。

2. データの概要

　本稿では日常の会話の録音資料を分析に用いた。1990年代録音資料(23

会話、計 3 時間の音声）ならびに 2010 年代録音資料（10 会話、計 30 分の音声）を対象とし[1]、反応表現とみられる表現の中の動詞由来のものを抽出し、分布・形式・意味機能・相互行為上の特徴等を分析した。

3. 「ある」と「いる」―存在動詞としての用法と反応表現としての用法

　現代日本語の存在を意味する動詞として典型的に「ある」と「いる」があり、デジタル大辞泉（2014）の「ある」の補説欄では、「広く、五感などを通して、空間的、時間的に事物・事柄の存在が認められる意がおおもと。古くは『昔、男ありけり』〈伊勢・二〉のように、人に関しても用いたが、現在ではふつう人間・動物以外の事物についていい、人間・動物については『いる』を用いる。」と説明されている。以下では動詞としての「ある」と「いる」の会話における実例を紹介してから、反応表現としての用法に移る。

3.1　「ある」

　会話において、以下のような「ある」の用法はよく聞かれる。

(1)　　同学年の女子寮生 A と B の会話
　　　A: 明日学校ある？
　　　B: 明日はね、あるある. 　　　　　　　　（2010 年代 Hakata Girls）

　「明日学校ある？」というのはもちろん建物の有無を尋ねているのではなく、授業など学校という場所で行う活動や用事があるかと質問しているのであり、「ある」の意味としては「事が起こる。(中略)物事が行われる。」（デジタル大辞泉 2014「ある」の第 12 項）に相当する。(1) において A は上昇イントネーションを伴う疑問の発話、そして B は A が使った動詞「ある」を再利用して肯定の応答という隣接ペアを成している。つまり Du Bois (2014) が指摘するところの直前の対話相手の発話の語彙、音調、構文、意味などを選択的に再利用する「対話上の共鳴（dialogic resonance）」が見られ

る。Bの応答部に生起する「あるある」は、最初の母音がやや高めのピッチで発音され、動詞の「ある」と同様のピッチパターンを呈しており、2回反復されてはいるが、動詞として使われていると考えられる。それでは(1)の動詞の「あるある」に対して、反応表現の「あるある」を見てみよう。(2)は同じ会話から採取された例である。

(2)　　A, Bは同学年の女子寮生で寮の一角でおしゃべりをしている。そこへCという先輩の女子寮生が洗剤の入った容器を持って通りかかる。Aが先輩Cに声をかける。

1.　A:　洗剤おそろいです！
2.　C:　中身違うよ.
3.　B:　(1.3)＜hへえだいじょぶなん[ですかそれ]？h＞
4.　A　　　　　　　　　　　　　　[笑]
5.　B:　＜hそれ[2(大事なこと)2]　h＞？
6.　A:　　　　　[2あるある2]
7.　C:　　　　　[2(…)2]だいじょぶだいじょぶ、中身ね＝、もうずっとね中身は一緒やけん
　　　　　　　　　　　　　　　　　　　　　　（2010年代 Hakata Girls）

　(2)の全体を見渡してみると、1行目でAがC先輩に対して丁寧語の「です」を使って話しかけるのに対し、2行目でC先輩は丁寧語を使っていない。自分の使っている洗剤とC先輩の洗剤が「おそろい」であるというAの指摘に対して、C先輩は、容器の中に入っている洗剤が「違う」洗剤製品であると知らせることで、Aの指摘を否定している。2のC先輩の「中身違うよ」という事実の公表を聞いて、3行目のBは笑いながら、CTST(1996)がいうところの resumptive opener である「へえ」を冠した疑問形発話「へえだいじょぶなんですかそれ？」を、C先輩に対して発する。その発話は丁寧語の「です」を含んでおり、C先輩に直接向けた真偽疑問の形式をとっている。それに対してCは7行目で「だいじょぶだいじょぶ」と肯定の応答をする。3のBの問いかけと7のC先輩の応答が隣接ペアを形成する中で、7と重複するかたちで6のAの発話「あるある」が存在している。

では6行目のAの「あるある」は他にどのような特徴をもった発話であろうか。音声的特徴としては、隣接ペア3・7行目と重複して起こり、3・7行目に比べてとても弱い音量で、平板アクセントで素早く発音されている。(1)の動詞としての「あるある」と表記上は同じだが、(2)の「あるある」は、より音声上のまとまりがある。

統語的には、6行目の「あるある」は直前の3行目「へえだいじょぶなんですかそれ」、ひいては2行目「中身違うよ」や1行目「洗剤おそろいです」のどれとも構造上明らかな関連がない。この点も(1)の動詞としての「あるある」とは対照的である。(1)ではAの発話のテンプレート(時の副詞＋述語)が、続くBの発話でも共有され、しかもAで出現した要素(「明日」「ある」)がBでも再利用され、AとBの発話間に、統語構造上密接なresonance(共鳴)が観察される(Du Bois 2014)。しかし(2)の「あるある」についてはその前の発話とは少なくとも構造上はresonanceが見られない。

さて(2)の、統語面では宙ぶらりんに見える6行目の「あるある」だが、相互行為の面から見ると、その直前の発話に密接に依存している。直前の発話から順を追って見ていくと、2行目のC先輩の「容器に、本来入っているはずの洗剤とは異なる洗剤を入れて使っている」ということを表明する発話(「中身違うよ」)に対して、3行目のBの発話(「へえだいじょぶなんですかそれ？」)は、笑い声と、想定外で驚くという意味合いのresumptive opener「へえ」、そして大きめの声量で発音され、また疑問の終助詞と上昇イントネーションも相まって「自分はC先輩が表明したことがらを受け入れていない状態にある」というBの態度を表示している。すると次に、3のBの発話の終盤に重複して、4でAが軽く笑い、3のBの質問が完結すると低い音量で素早く「あるある」を発している。したがってAの「あるある」は、その発せられたタイミングから、直前の3行目のBの発話に依存していると判断できる。

意味の面からみた場合、「あるある」を強いて言い換えようとするならば次のようなバージョンが可能と思われる―「そのような状況はよくある。そのようなことは普通にあり得る。」つまり「あるある」は、別の話者が表明

したことがらに対して、「そのような状況はよくある」という肯定的な評価の意味合いを持つ。3行目のBの「C先輩の表明したことがらを受け入れていない」という態度を表明した発話に対する「反応」として産出された6行目のAの「あるある」は、「C先輩の表明したことがらは一般的によくある状況だ」と受容する態度を表明している。つまりAの低音量で素早くひとまとまりで発音された「あるある」は、3のBに対して対照的な態度を示すと同時に、C先輩が2で説明した状況には理解を示す態度を表明するという、複雑な仕事をしている発話と考えられる。

　以上で示したことから、(2)の「あるある」は動詞というよりも、「すごい!」「なるほど」などと同様に、語彙的な反応表現の特徴を備えていると考えられる。(a)音声的には、控えめに素早く一まとまりのピッチパターンで産出されていること、(b)「あるある」でターン交替が起きないこと、(c)例(1)とは違い、直前の発話と統語構造上の関連性がないこと、(d)「評価」の意味合いを持つこと、そして(e)発せられているタイミングから、Bの発話への対照的態度表明（同時にC先輩の発話への支持的態度の表明）の反応表現と考える。「あるある」は「存在する」という意味から抽象化して「その状況はよくある・よく起こり得る」という意味合いを持つ一まとまりの表現として定着している。

　さて、日常生活の中で「あるある」は反応表現だけではなく、生産的に他の単語と組み合わされて使われている。既にデジタル大辞泉(2014)には「あるあるねた」というエントリーがあり、以下のように記されている。

　　《「ねた」は「たね(種)」の逆さ読み》日常生活における事象・見聞などで、多くの人の共感を得ることのできる話題。また、その話題で笑いをとる演芸のこと。[補説]聞いた人に「よくある」「あるある」と思わせることから。　　　　　　（デジタル大辞泉「あるあるねた」の項）

　昨今では他の名詞と結びついてテレビ番組などの固有名詞(例：1996年から2007年まで放映された「発掘!あるある大事典」「発掘!あるある大事

典 II」)や一般名詞として使われている。今回分析した会話データの中には名詞としての「あるある」の用法は見つからなかったが、インターネットの事例を参考までに見てみると、「修学旅行あるあるについて、読者 459 名に聞いてみました」(2014 年)、「横浜あるある」(2013 年)「結構大変なんです…背が低い女子のあるある」(この話題に関連する多数のツイートをまとめてあるサイトの題名。2013 年〜)などの例が見つかった。これらの例は、上記デジタル大辞泉の説明を用いると、「修学旅行・横浜・背が低い女子について多くの人の共感を得ることができるエピソード」として理解することが可能である。「共感」というのが反応表現ならびに名詞としての「あるある」の意味的特徴の核にあるキーワードである。

3.2 「いる」

「いる」は有生物が主語の場合に使われる存在動詞として知られている。まずは動詞用法として(3)を挙げる。

(3) 　柔道着、洗ってこないやつが、いるんだよ．たまに．

(1990 年代 Bukatsu)

　一方、筆者が今回分析に使用した会話データの中では、反応表現的な例として、動詞の連用形に様態の助動詞「―そう(だ)」が付加された「いそう」が繰り返された「いそういそう」という例が 2010 年代会話の中で見つかった。(実際の発音は、母音が延伸された「いそーいそー」という表記に近い。)

(4) 　大学生 3 人(男子 B，男子 E，女子 G)が将来の仕事について話している。

1 　B: 　何の仕事が向いてんだろおれ．
2 　E: 　結構((けっこ))(おれ)予備校講師になりたいなって
　　　 ずっと思ってんだよね．
3 　G: 　ああ、いそういそう．

(2010 年代 Mentaru)

Gが3行目の「いそういそう」という「いる」に由来する表現をしたことは、少なくとも事物ではなく「人」に指向した選択をしたことになる。しかし「いそういそう」の指示するところの名詞句（いわゆる主語）は先行する談話の中には明示されておらず、「指示対象はすでに会話参加者の間で了解されているから主語が省略されている」などと考えるには違和感がある。統語的にみて、1, 2の発話と3のGの「いそういそう」は構造上のテンプレートを共有しているとはいえず (cf. 例1) 構造上の共鳴関係 (Du Bois 2014のいうところのresonance) にはない。さしずめ3行目のGの「いそういそう」の指示対象を強いて明示するにしても、たとえば「あなたのような予備校講師は確かにいそうだ」というように、だいぶことばを補う必要がある。

寺村 (1984) は「―そうだ」について、「予想、予感の概言のムードを表す」と述べた上で「典型的には視覚に映じた印象を、次の起ころうとすることの前兆、あるいはある内面的状態、性質の兆候と結びつけていうもの (241)」と指摘している[2]。(4) の場合、寺村の指摘するように、目の前にいるEが自分自身の将来像に言及したのを受けて、Gはその印象から将来の状況を予測しており、「いるいる」ではなく「―そう」をつけて「いそういそう」と発言している。Eとそれに対する反応表現としてのGの「いそういそう」は、先に述べたように統語構造上はaffinity（関係性）がないが、両者の発話はともに未来の予想・予感に指向している点でresonance（共鳴）(Du Bois 2014: 372) が見られる。

また、Gの「ああ」というresumptive openerで始まる「いそういそう」は、動詞というよりは反応表現として捉えうることを指摘したい。先に見た「あるある」と同じようにreduplication構造を持っているが、「いそういそう」は平板なピッチパターンで発音され、また「いそう」と「いそう」の間にポーズが差し挟まれたりイントネーションで区切られることなく一まとまりで発音されている。

また意味的には、「いそういそう」はreduplicationにより「Bのようなタイプの人物（予備校講師）はよくいそうだ」という強意がある。また予備校講師になりたいとずっと思っているというEの発言に対して、「あってる！」

「ぴったり！」というような直接的な表現ではないが、少なくともIwasaki (1997) のいうところの不賛同ではない評価という態度表明を行っているといえよう。

　反応表現としての「いる」に関しては、今回調べた会話のデータの中には「いそういそう」のみしかなく、「いるいる」の用例は見られなかった。しかし、日常のやりとりの中で「いるいる」という表現自体はよく耳にする。そこで参考として小学館のデジタル大辞泉を見ると、「あるある」とは対照的に「いるいる」でのエントリーはなかった。しかしインターネットで「いるいる」と入れて検索してみると、それを含む一まとまりの表現として本の題名やウェブサイトの見出し、またツイッターのコメントなどで、意味や構造の面で興味深い用例が見つかったので紹介する。

　たとえば「読書メーター」という読書記録を投稿するウェブサイトには、藤野美奈子著『ぷちやまい：いるいるいるいる！こんな人図鑑』(2008年)という本が紹介され、(5)のような読後感が投稿されている。

(5)　藤野美奈子著の本に対する1読者(みゃーこ)のコメント
　　「いるいる！こういうやつ！」一発目の「ひとくち病」の女から共感したわ～。
　　(「読書メーター」ウェブサイト http://bookmeter.com/b/4344015169)

　この本では、たとえばレストランなどで友人の食べ物をひとくち貰わずにはいられない女性が「よくいる」タイプの困った人として紹介されているという。(5)において、読者が「いるいる」を使った感想コメントの中で「共感した」という表現を使っている点が興味深い。先に「あるあるねた」のところで引用した辞書の定義にも、同じように「共感」への言及があるからである。「いるいる」は辞書に載るほど定着してはいないが、意味的には「あるある」同様に相手への「共感」を示すという点で共通しているといえそうである。

(6)　最初、監督やプロデューサーからは「同性から見て"<u>いるいるこういう人</u>"と思われるような役作りをしてほしい」と言われたんです。
　　　　　　（2011年ドラマ「毒姫と私」出演女優の一青妙インタビュー
　　　　　　　　http://tokai-tv.com/dokuhime/interview/10.php）

　(5)も(6)も、「いるいる」の後に主語(例「こういう人」「こんな人」)が生起し、日本語の典型的といわれている語順(主語―述語)とは「逆転」している。ことに(6)はスペースや句点なしで"いるいるこういう人"(原文ママ)と引用符で括られており、表記において「一まとまり」に扱われているのが興味深い。(5)と(6)の下線部だけ抜き書きすると以下のようになる。

(7)　a.　いるいる！　こういうやつ！
　　　b.　いるいるこういう人

　これらの例は、会話データにおけるemotiveな発話における語順現象を想起させる (Ono and Suzuki 1992, Ono 2006)。たとえば「まずいこれ！」「なにそれ！」などの例に見られるように、日常のやりとりでは、話者は目の前の事物や、相手によって描出されたばかりの事物・人物に関して、反射的に話者自身の「反応」("immediate reaction" Ono 2006: 147)を口にする。その際感情を表現する内容の形容詞や名詞(例：大変、可愛い、変)が現れ、続いてその反応を引き起こした対象を指し示す名詞(あれ、それ、これ、そこ、こりゃ、おまえ、あの人などの指示詞・代名詞、固有名詞の類)や副詞(例：ほんと、やっぱり、もう、なんか)が続くという順番で、全体が一まとまりのイントネーションで発せられる発話がよく見られる。Ono (2006)はこのような発話を詳細に分析し、要素の配列順、要素そのものの意味機能、イントネーションにおいて、感情(emotion)に動機づけられたパターンが見られることを示し、このパターンが日本語の文法の一部として定着し、つまり文法化して日常会話の中で使われていると指摘している。ここではこのパターンを便宜上emotive構文と呼ぶ。

(7)の「いるいる(!)こんな・こういう人」という用例は、上述のemotive構文と以下のような類似点が見られる。まず、人物に関する描写を耳にしたり目にしたりすることで起こる、反応の表現であること。その反応そのものを示す述部が先で、反応の対象人物を指示する表現が後続するという構成要素の配列順。そして対象人物を指示する表現が指示詞を含む(例「こんな人」「こんなやつ」)という点。さらに言えば、Ono (2006: 145–146)の例では、先行する述部は感情を直接的に表現する形容詞や名詞であったが、(7)のようなインターネット上の書かれた事例に見られる「いるいる」という表現も、動詞由来とはいえ「こういう人はよくいる、自分もこういう人を知っている」という相手への「共感」を示す反応表現であること。したがってOnoの例と同様、(7)は、インターネット上の(話し言葉に近い)書かれた言葉の例ではあるが、感情に動機付けられたemotive構文に類するものと考えられる。

3.1と3.2ではそれぞれ最後に、インターネット上で見つかった「あるある」「いるいる」の使用例を、あくまで参考として挙げた。「あるある」には名詞的な用法が見られる。一方「いるいる」は、emotive構文に類する用例の中で述語として出現しており、動詞的特徴を保っている。

3.3　動詞から反応表現へ—1990年代と2010年代の「ある」と「いる」

　歴史語用論的な視点(例：高田他2011)から話しことばの研究をする場合、小説や戯曲に書かれた話しことばをある時代の話しことばの近似値資料と捉えて分析を行うが、技術が年月を経て進歩してきたおかげで、録音・録画資料を使って会話における文法形式の変化を捉える環境が今後整ってゆくであろう。今回筆者が使った会話の録音データは1990年前後と2010年前後という20年の隔たりがある。本稿ではトークン数が少ないこともあり、2つのポイントを結んで「ある」と「いる」の辿っている変化を詳細に論じることはできないが、今後データの体系だった蓄積を進める中で、会話データを用いた歴史語用論的研究として明らかにしてゆきたい。このセクションでは限られた実例から、数点のみ指摘する。

まず「ある」「いる」の動詞としての用法、そして反応表現としての用法の分布を以下に示す(ーてある形、ーている形は除く)。

〈1990年代の会話(3時間分)〉
「ある」　動詞用法：76例
　　　　　反応表現：　3例(内訳：ああ ある 2例、ああ それはある 1例)
「いる」　動詞用法：33例
　　　　　反応表現：　0例
〈2010年代の会話(30分間分)〉
「ある」　動詞用法：　7例
　　　　　反応表現：　2例(内訳：あるある 1例、ああ ある 1例)
「いる」　動詞用法：　2例
　　　　　反応表現：　1例(内訳：いそういそう 1例)

　2010年代の会話は量的に少ないが「ある」「いる」の反応表現としての用例がその割に多いように思われる。1990年代の反応表現の例を(8)に挙げる。2010年代のデータに見られる「あるある」の前身と思われる。

(8)　　20代の女性K,Mと20代男性Tの会話
1　K：　手紙書いてるとねー、頭ん中が先走りしちゃう [わけ].
2　M：　　　　　　　　　　　　　　　　　　　　　　[ああ ある].
3　T：　　　　　　　　　　　　　　　　　　　　　　[そうでしょ]?
4　K：　...そ、[2 先走りするとー 2]、
5　M：　　　　[2 疲れる. 疲れる 2]の.　　　　　　　　(1990年代 Telephone Calls)

　この例では主にKが、自分自身と交際相手との連絡手段として手紙を書くことについて話している。Kの1行目の発話を受けて2行目でMが「ああ ある」と答えている。「ああ」という音声は反応表現の一種としてresumptive opener と CTST (1996) が呼んだものである。音声上の特徴としては、2の「ああ ある」は非常に低い音量で素早く発音されKの発話の述

部の終結部に重複しているが、ターン交替は起こっていない。統語構造をみると、先行する1行目の発話に2行目の主語と考えられる名詞句は明示されておらず、また1行目と2行目の間には例(1)A,Bに見られたような構造上共通のテンプレートもないため、(8)の1行目と2行目の間には構造上の関係性も見られない。2行目の「ああ　ある」は動詞由来の「ある」を含む反応表現としての特徴を示している。

　2行目の「ある」の意味機能を言葉を補いつつ考えてみると、1行目でKが表明した状況（手紙をかいていると頭の中が先走りしてしまうという状況）は自分にも経験がある、あるいはそのような状況が自分にも起こりうる、つまり「（話し手の表明した）状況が存在する・存在しうる」という聞き手の認識の表明ととれる。これはもともとの動詞としての「ある」の意味内容（「事物や事柄が存在する」）から来ていると考えられ、Hopper (1991: 28) が挙げている文法化の特徴の1つである persistence（文法化した形式の意味機能の変化を遡ると元の語彙のもつ意味内容に帰着すること）にあたる。つまり1990年代の会話データにすでに見られる「ああ ある」の中の「ある」は、相手の表現した状況に対して、話者自身の経験を通して理解を示す、つまり「共感」を示すという意味合いの、動詞由来の反応表現として文法化が始まっていた可能性がある。そして2010年代の「あるある」は、「ある」が2回繰り返される畳語の形式をとることで、共感の表明の度合いの高まったバージョンの反応表現として定着し、辞書にも載った「あるあるねた」などに見られるように、生産的に他の言葉と結びついた形で使われるようになっている。ごく最近の会話の中でも動詞としての用法（例1）と反応表現としての用法が共存しているので Hopper (1991: 22) のいう文法化のもう1つのパターンである layering の状態が見られる。

　「ある」と「いる」を比較してみると、1990年代のデータには、反応表現として用いられている「いる」の実例は含まれていない。日常の会話の中で、「その状況はある・ありうる」というように相手の話す事柄について共感を表明することの方が、「そういう人は自分の周りにいる・存在しうる」というように相手の話す人物像について共感を表明することよりも、多いの

かもしれないし、会話の内容にも左右されうる (例：噂話を多く含んだデータであれば人物像への反応の表明の頻度が高いかもしれない)。文法化を扱う研究の中には、類似した形式を比較して文法化の「進度」に言及するものもあるので (例：Ono, Thompson and Sasaki 2012 における「から」と「けど」の終助詞化の度合いについての言及)、「ある」と「いる」の文法化の進度についても以下のような仮説を立てて、今後多くの用例を集めて分析を進めたい。

「存在動詞「ある」は、現代では反応表現「あるある」、そして名詞「あるある」として機能を広げている。存在動詞「いる」の場合、反応表現「いそういそう」「いるいる」は動詞としての機能をとどめている。したがって「ある」の方が「いる」よりも文法化が進んでいる。」

3.4 まとめ

話し手が言及した状況・物事や人物像に対して、聞き手が「ある」「いる」という存在の動詞を使って反応をすることが、少なくともこの 20 年間の会話データで確認されている。音声・統語構造・意味・相互行為上の特徴から、動詞というよりは反応表現 (CTST 1996) としての用法が発達してきたことの表れと考えられる。このような「ある」「いる」は、動詞由来であるため語彙的な反応表現 (CTST (1996) の reactive expressions, Iwasaki (1997) の phrasal backchannels) といえる。語彙的反応表現については形容詞 (例：すごい！　なるほど！) や指示詞 (そう、そうか) は先行研究でも記述があるが、動詞由来のものについての記述はまだ殆どされていない。大浜 (2006) はあいづちに関して数多くの先行研究を網羅し、会話におけるあいづち使用の実態を詳細に記述する中で「それはある」という例を挙げているが、「そう系」の「主張型 (言い切り、あるいは文末に「よ」を取るもの)」と分類しており (2006: 167)、「ある」そのものについての言及は特にしていない。また大浜の挙げている語彙的反応表現 (「概念的表現 (167)」) のリストは形容詞 (例：すごい)、名詞 (例：ほんと)、指示表現 (例：そう) からなっており、動詞由

来の反応表現は含まれていない。

　意味の面から見ると、「存在する」というもとの動詞の意味から転じて、「相手の示した状況や人物像が、自分自身の身の回りにも存在する」という「共感」という反応を、聞き手が話し手に対して表明するという意味機能上の変化が見られる。さらに、「あるある」「いるいる」「いそういそう」など、reduplication の形式でひとまとまりで定着してきている。2回繰り返すことで「話し手の示したような状況・人物は、自分の周りでもよくある・いる、確かにある・いる」というような聞き手による強調、いわば共感のアップグレードがされている。これらの表現は、会話の中の反応表現として出現するだけでなく、他の言葉との組み合わせでテレビ番組や本のタイトルなどに使われることもあり、特に「あるある」は他の名詞と結びついて（また単独でも）名詞的用法を発展させており生産性が高いといえよう。

4. 存在の動詞から反応表現へ―まとめと今後の課題

　本稿では、存在の動詞から相手への共感を表明する反応表現への「ある」と「いる」の変化を考察してきた。この変化は文法化の1例と捉えることができる。その理由としていくつか挙げることができる。

1) 動詞から間投詞・応答詞・感動詞などと呼ばれる領域への変化という点で Hopper and Thompson (1984), Hopper (1991: 30) らのいう de-categorization の様相を呈している。

2) 動詞としての用法と反応表現としての用法が重層的に ("layering" Hopper 1991: 22) 共存する。

3) 動詞としての特徴を失ってきている証拠として形式の固定化がある。「あ：あった。」「あったあった。」というような、過去形に転じた反応表現としての「ある」「いる」は、筆者のデータでは見つかっていない。

4) 音声面では「あるある」「いそういそう」の発音にみられる、ピッチ・速さ・低音量でのまとまり感がある。

5)「事物が存在する」という意味から、提示された状況や人物像に対して、「(自分の経験からいっても)そういう状況はよくある、そういう人物はよくいる」という意味に変化している。会話においては、「あなたの言うことを共有しているよ」と相手に示す反応表現になっている。これは間主観化 (inter-subjectification) の1例であり Traugott (2010 など) の一連の研究のほか Onodera and Suzuki (2007) など近年の色々な言語・形式における研究に連なる事例である。

　本稿で取り扱った「ある」「いる」の他に、反応表現 (reduplication の形式を含む) の用法が見られた動詞群として筆者が会話資料や耳で拾ったものを、左に動詞形、右に反応表現として以下に挙げる。

a.　わかる　>　わかるわかる
b.　やる　　>　やりそうやりそう
c.　来る　　>　きたきた
　　　　　　　　(好きな歌手の話をして歌いだした友人に対して)
d.　始まる　>　はじまったはじまった
　　　　　　　　(自分への愚痴を始めた相手に咄嗟に低音量・早口で)
e.　出た　　>　あ、また出た
　　　　　　　　(自分を責める発言をした友人に対して)

　「ある」「いる」を含めた上記の動詞群は low transitivity (Hopper and Thompson 1980) を示し、意味内容は抽象度が高く具体性は低めである。また、従来の反応表現を意味機能の面から見ると、話者の評価 (Goodwin 1986 らのいう assessment) や感情 (Ono 2006) といった、状態を表す形容詞や名詞であることからも、反応表現として使われる「いる」「ある」そして a-e の動詞群は、動作よりも状態をしめす low transitivity の動詞群であるといえよう。

　これらの動詞群とは対照的に「食べる食べる」「読む読む」「壊す壊す」などの具体的な動作を表し high transitivity をもつ動詞は、反応表現へ変化す

ることはないことも予想される。つまり Iwasaki (1997) の指摘する「新規参入タイプ」には加わりにくいであろう。

　a の認識を示す「わかる」は、「ある」「いる」と同様に相手の表現した状況に対して共感を表す反応表現として加えることができよう。b の「やりそうやりそう」は、東京で最近注目を集めている場所についての会話の中で、一人がその界隈ではどの店でも買い物をしてくれた客を外まで見送るイメージがあると言うと、もう一人が「やりそうやりそう」と応じた例である。前述の「いそういそう」と同様に、寺村 (1984) が「予想、予感」の概言のムードを表すと指摘した「−そう」が使われている。町についての「イメージ」を話す相手に対して、自分も「いかにも店の人たちはそういうことをしそうだ」と、「予想・予感」で返している。

　c,d,e は「過去形の反応表現」として定着しているように思われる。相手がやや特殊な発話行為（急に歌い出す、愚痴を言う、自分を責める）を行ったところに、すぐさまその場にいた別の人が過去形で反応している。「あるある」「いそういそう」のように「相手が言及した状況や人物像について共感していることを表明」するのとは異なり、c,d,e は「相手が発話行為を行ったということをすぐさま実況する」メタ的な表現である。前者が相手が言ったことの内容に対する反応であるのに対して、後者は相手が発話行為を行ったことに対する反応である。このように両者はともに反応表現ではあるが、質的には異なるということが時制の違いに表れている。

　反応表現の形式的特徴として、「ああ」などの resumptive opener と共起しやすいということの他に、reduplication として現れやすいということもわかった。reduplication は「畳語」とも呼ばれ日本語以外にも存在するが（例：マレー語 Uzawa 2012）、よく見られる意味内容としては元の意味を強調したり、行為の継続や反復を意味することが多いという（大里 2014）。「ある」「いる」の反応表現の reduplication については、元の意味の強調の意味合いが認められる。

　「ある」「いる」は古代日本語から存在する基本的な語彙であるが、今日でもなお、会話の中で新しい役割を与えられ使われ続けている。本稿では扱え

なかったが、近年聞かれる「それってありですか？」という連用形の名詞化用法も興味深い。

　今後、単に「ある」「いる」という単語レベルの分析にとどまらず、動詞という単位や境界を超えて、定型性（formulaicity）という観点からも、動詞由来の反応表現の談話における働きや成立の過程を記述してゆく必要がある。言語における定型性については、近年研究が盛んになり始めている（例：Bybee and Caucoullos 2009, Wray and Perkins 2000, 土屋 2013）。どのように形態素同士が結びついて定型化するのかを考える際には、伝統的な文法記述で前提とされてきたような既存のカテゴリーや言語分析上の単位の、話しことばにおける位置づけを再検討することが必要となる。普通の話者がことばを使って用を足す（例：反応を表現する）際に有用なまとまりにはどのようなものがあり、それらはどのように形成されるのか（例：動詞の「ある」から「あるある」「横浜あるある」「それってあり？」等の形成過程）。またコミュニケーションの現場でのやりとりから見えてくる話者の文法知識とはどのようなものか（例：reduplication がどう活用されているか）。様々な学際的知見を得ながら、語彙の伝統的区分と表現の定型性との合致やずれに着目することも、話しことば研究において重要な役割を果たすという認識を持って研究を進めたい。

謝辞（順不同）
井出祥子先生、藤井洋子先生、高梨博子先生、大野剛先生、東泉裕子先生、柴崎礼二郎先生、遠藤智子先生、横森大輔先生に御礼申し上げます。また「ひと・ことばフォーラム」、日本語用論学会、伝康晴先生の「多様な様式を網羅した会話コーパスの共有化」プロジェクト（国立国語研究所）、話しことばの言語学ワークショップ、慶應義塾大学、日本女子大学、トゥルク大学での発表に際してフィードバックを下さった皆様に心から御礼申し上げます。この研究は日本学術振興会（二国間共同事業フィンランド（AF）との共同研究）の援助を得ています。本稿の内容に関する責任はすべて筆者にあります。

注

1 1990年代の会話データはJPN CorpusとPacRim Corpusで、大野剛氏に御礼申し上げる。2010年代データは慶應義塾大学鈴木亮子研究室で管理するKeio Corpusを使用した。
2 本稿では「いそういそう」の「―そう」と、寺村(1984)や一般の文法書で「助動詞の「そうだ」」と記している形式を、同じものとして扱うこととする。

参考文献

Bybee, Joan and Rena T. Caucoullos. (2009) The Role of Prefabs in Grammaticization: How the Particular and the General Interact in Language Change. In Roberta Corrigan, Edith A. Moravcsik, Hamid Ouali and Kathleen M. Wheatley. (eds.) *Formulaic Language: Volume 1: Distribution and Bistorical Change*, pp.187–218. Amsterdam: John Benjamins.

Clancy, Patricia M., Sandra A. Thompson, Ryoko Suzuki, and Hongyin Tao. (1996) The Conversational Use of Reactive Tokens in English, Japanese, and Mandarin. *Journal of Pragmatics* 26: pp.355–387.

『デジタル大辞泉』(2014) 小学館. <http://japanknowledge.com.kras1.lib.keio.ac.jp/contents/daijisen/index.html> 2014.9.30.

Du Bois, John W. (2014) Towards a Dialogic Syntax. *Cognitive Linguistics* 25(3): pp.359–410.

Goodwin, Charles. (1986) Between and Within: Alternative Sequential Treatments of Continuers and Assessments. *Human Studies* 9: pp.205–217.

Goodwin, Charles and Marjorie H. Goodwin. (1987) Concurrent Operations on Talk: Notes on the Interactive Organization of Assessments. *IPRA Papers in Pragmatics* 1(1). pp.1–54.

Hopper, Paul J. (1991) On Some Principles of Grammaticization. In Elizabeth C. Traugott and Bernd Heine. (eds.) Approaches to Grammaticalization, Volume 1: pp.17–37.

Hopper, Paul J. and Sandra A. Thompson. (1980) Transitivity in Grammar and Discourse. *Language* 56: pp.251–299.

Hopper, Paul J. and Sandra A. Thompson. (1984) The Discourse Basis for Lexical Categories in Universal Grammar. *Language* 60(4): pp.703–752.

Iwasaki, Shoichi. (1997) The Northridge Earthquake Conversations: The Floor Structure and the 'Loop' Sequence in Japanese Conversation. *Journal of Pragmatics* 28: pp.661–693.

Maynard, Senko. (1986) On Back-channel Behavior in Japanese and English Casual Conversation. *Linguistics* 24: pp.1079–1108.

永田良太(2004)「会話におけるあいづちの機能―発話途中に打たれるあいづちに着目して」『日本語教育』120: pp.53–62.

Ono, Tsuyoshi. (2006) An Emotively Motivated Post-predicate Constituent Order in a 'Strict Predicate Final' Language: Emotion and Grammar Meet in Japanese Everyday Talk. In Satoko Suzuki. (ed.) *Emotive Communication in Japanese*, pp.139–154. Amsterdam: John Benjamins.

Ono, Tsuyoshi and Ryoko Suzuki. (1992) Word Order Variability in Japanese Conversation: Motivations and Grammaticization. *Text* 12: pp.429–445.

Ono, Tsuyoshi, Sandra A. Thompson and Yumi Sasaki. (2012) Japanese Negotiation Through Emerging Final Particles in Everyday Talk. *Discourse Processes* 49 (3-4): pp.243–272.

Onodera, Noriko O. and Ryoko Suzuki. (eds.) (2007) *Historical Changes in Japanese: With Special Focus on Subjectivity and Intersubjectivity.* Special Issue, *Journal of Historical Pragmatics.*

大浜るい子(2006)『日本語会話におけるターン交替と相づちに関する研究』渓水社

大里彩乃(2014)「畳語の研究」『東京女子大学言語文化研究』22: pp.1–16.

高田博行・椎名美智・小野寺典子(編著)(2011)『歴史語用論入門―過去のコミュニケーションを復元する』大修館書店

寺村秀夫(1984)『日本語のシンタクスと意味　第二巻』くろしお出版

Traugott, Elizabeth C.(2010) Revisiting Subjectification and Intersubjectification. In Kristin Davidse, Lieven Vandelanotte, and Hubert Cuyckens. (eds.) *Subjectification, Intersubjectification and Grammaticalization*, pp.29–70. Berlin: De Gruyter Mouton.

土屋智行(2013)『定型表現を基盤とした言語の創造性―慣用表現とことわざの拡張用法に関する社会・認知的考察』京都大学大学院博士論文

Uzawa, Hiroshi. (2012) Analysis and Synthesis of the Semantic Functions of Reduplication in Malay.『コーパスに基づく言語学教育研究報告』9: pp.185–202.

Wray, Alison. and Perkins, Michael R. (2000) The Functions of Formulaic Language:an Integrated Model. *Language & Communication* 20: pp.1–28.

面接調査談話における〈出演者〉のプレイ

熊谷智子

1. はじめに

　社会言語学的調査で行われる面接では、その多くにおいて録音が、また場合によっては録画がなされる。録音・録画は、時に複数同席する回答者の誰が発言しているかを特定し、回答内容を分析するための「記録」である。調査の状況下では、回答者はホームビデオの撮影時のように笑顔でＶサインを作ったりはしない。質問をする調査者と同様にビデオカメラも面接調査という活動を構成する要素であり、カメラが撮影しているのは「人」というより「回答」であるという認識があるためであろう。
　しかし、時には異なる行動も出現する。本稿では、ビデオカメラの存在に対して回答者がテレビ番組などの〈出演者〉〈収録関係者〉のようにふるまう言動を見せた事例を取り上げ、そこにあらわれる相互行為を分析する。そして、1人の回答者が始めた行動がどのように他の参加者にも取り込まれ、展開していくか、その場のやりとりから生まれた共感が参加者の同調や役割行動の変化にどのように影響していくかを明らかにしたい。

2. 分析に用いる概念

　本稿の分析では、プレイ（play）という概念が重要な役割を果たす。プレイに関して、ハーヴェイ・サックスは1969年冬の講義で興味深い事例をあげている（Sacks 1992）。それは、グループ・セラピーの参加者たちが、マジッ

クミラー越しに自分たちの様子を観察している人物の存在への意識を示すべく、会話の開始時に「マイクをオンにして」「テスト中」「そろそろ始めよう{笑い}」「私たちは今日ここに集っています」といった一連の発話をしてみせたという事例である。他者の観察下でやりとりを行うという点で共通する他の場面(舞台など)にあてはめ、「観察されている患者」でなく「観客を前にした演技者」としてふるまうこうした行動を、サックスはプレイのような(play-like)やり方だとしている(Sacks 1992: p.105)。そして、プレイには、ゲーム(スポーツの試合など)におけるプレイと、パフォーマンス(演劇など)におけるプレイという2つの意味が含まれるとしている。

　プレイと深く関わる概念にフレーム(frame)がある。フレーム(Goffman 1974、Tannen 1993、Tannen and Wallat 1993、ベイトソン 2000)は、経験の組織化に基づいて人がもつ「ここで何が起こっているのか」という定義づけであり、相互行為がどのようなフレームをもっているかを通して発話や行動が解釈される。日常のやりとりに見られる例としては、「冗談」「会議」「教室(授業)」などのフレームがあげられる。フレームは、談話全体を通して一定とは限らず、フレームの転換も往々にして起こる。面接調査でも同様で、調査者の質問や回答者の発言は基本的に面接調査のフレームにおいて解釈されるが、時には冗談などのフレームが導入され、そのフレームに基づいて発話やその解釈がなされることもある。

　本稿では、発話解釈の枠組みとしてフレームの概念を用い、面接調査の参加者が行うテレビ番組の出演者のような言動の分析においてはSacks(1992)のプレイを援用する。録画への意識から生じた行動という点は、Sacks(1992)の事例と非常に類似している。また、ベイトソン(2000)ではplayに「遊び」という訳語があてられているが、本稿では上記のゲーム、パフォーマンスの2つの意味を含むものとして「プレイ」という語を用いる。

3. データの概要

　分析データとするのは、調査者1名、回答者2名による約50分間の半構

造化面接調査[1]の談話である。参加者3名はすべて男性で、回答者A・Bはともに大阪出身で大学3年生の友人同士、調査者Iと回答者たちは初対面である。テーブルの片側に調査者、向かい側に回答者2名が並んで座り、卓上のポータブルデジタルレコーダーで録音が、室内に設置したデジタルビデオカメラ(調査者の斜め後方から回答者を撮影)で録画が行われた。

調査の話題は、前半が「携帯電話の使い方」、後半が「ことばの使い分け」であった。本稿では6つの抜粋部分を分析するが、談話の全体構造との関係を明らかにするため、表1に質問の流れと抜粋部分の出現位置を示す。

表1 面接調査談話における質問（話題）の流れ

携帯電話の使い方	①メールと通話の比率	
	②使い始めた時期と使い方の変化	
	③連絡する相手	
	④使う機能	【抜粋1：メモ帳】
	⑤家に忘れたり充電が切れたりしたときの対応	
	⑥人との貸し借り	【抜粋2：彼女もいないし】
	⑦紛失の経験	【抜粋3：ポケモンのストラップ】
	⑧人に見られると嫌な部分	
	⑨家の電話と携帯電話	【抜粋4：ばあちゃん／こすい】
ことばの使い分け	⑩ことばの使い方や使い分けに困った経験	
	⑪使い分けの際に気にする要因	
	⑫関係の異なる複数の同席者へのことばづかい	
	⑬異性・同性に対する話し方の違い	
	⑭ことばの使い方、使い分けに影響する大きな要因	
	⑮ことばの形以外で変わるところ	
	⑯関西弁、方言の使い分けについて 【抜粋5：東京の人は】【抜粋6：僕も関西】	

4. 面接調査にあらわれたプレイ

本節では、50分間の調査談話に点在する6つの抜粋部分を出現順に追い、回答者Bによって調査談話に持ち込まれた〈出演者〉のプレイに、もう1人の回答者Aが加わり、最終的には調査者Iも参入していく様子を分析する。

4.1 回答者Bの録画に対する意識のあらわれ

　本稿で分析する面接調査は、一問一答型でなく、調査者の質問内容を話題として比較的自由に回答者が話すというものであり、時に笑いもまじえて、なごやかな雰囲気で進んでいた。開始後数分間は、片方が回答している間にもう片方の回答者がカメラを意識してちらっと視線を送る行動が見られたが、これは他の同様の調査でも共通してあらわれていた[2]。

　まず取り上げるのは、開始後約6分経過した時点でのやりとりである。携帯電話(以下、携帯)のどのような機能をよく使うかという質問に、回答者Aが大事なこと、たとえば人からお金を借りたときに返す日を携帯にメモすると答え、次に同じ質問に回答者Bが答え始めたところが抜粋1(特に注目する部分に下線を付す)である。BはAの回答を受けて、161Bを述べる。

【抜粋1：メモ帳】[3]

161B	そうですね、メール、そのメモをするときにそのたとえば、メールの空の画面に、たとえば、「Aくんに3000円貸した」とか、
162I	{笑い}
163A	めっちゃ借りてるみたいなってるやん、それ // {笑い}
164I	{笑い}
165B	{笑い} 書いたりはす、するんですが、でも最近あのー、本当はそれはメモがだ、出せないときにいつも使ってて、
166I	はいはい。
167B	でも最近その、{メモ帳を取り出し、机の上で見せる} <u>メモ帳を、あの、ちっちゃいメモ帳を買ったんです。こうちっちゃいメモ帳を買ったので、こちらに文字で書いた方が目もつか、疲れずにすむので、最近そっちの方に移行してたりは、</u>
168I	なるほど // ね。
169B	{メモ帳をしまいながら} <u>しますね。</u>

　161BでBは、「Aくんに3000円貸した」といかにも実際にあったかのように述べ、それに対してAは163A「めっちゃ借りてるみたいなってるやん、それ」とツッコミを入れて笑い、それを聞いたIもBも笑っている。大津(2007)は、冗談を「真面目に言っているのではないことを前提に、相手を

面白がらせることを目的として発する発話」と定義し、相手の冗談に気づいた聞き手の対応として、〈1〉笑いやコメント、〈2〉模倣、〈3〉共演、〈4〉対立をあげている。ここでの161Bと163Aもそうしたやりとりであり、Iの笑いも含め、冗談のフレームで会話がなされていることが分かる。

続く167Bと169Bが、抜粋1で最も注目したい部分である。Bは165Bからまじめに回答を始めるが、167Bで「メモ帳を」と言いながらやおらズボンの左前ポケットに手をつっこみ、「あの、…買ったんです。」の部分で二つ折りの定期入れらしき物を取り出す。そして、「こうちっちゃいメモ帳を買ったので」とテーブルの上で定期入れを開いて青い表紙のメモ帳を取り出し、「こちらに文字で…」から169B「しますね。」にかけてメモ帳を開いて閉じ、また定期入れにはさんでポケットにしまう。この間Bはまじめな表情で、前半は自分の手元を、「書いた方が…」以降はIを見ながら話している。

10秒ほどの間の動作であるが、なぜBはこのようなことをしたのだろうか。他の調査においてもメモや時間確認には携帯でなく手帳や腕時計を使うという回答はよく出たが、手帳や腕時計の実物を調査者に示した例はなかった。何の変哲もない小さなメモ帳について、ことばで言うだけで事足りると思われるのに、なぜBはわざわざ取り出して見せたのだろうか。

それについて、もう1つの抜粋を併せて考えてみる。抜粋1の後、2分間ほどまた質問と回答のやりとりが続き、話題は携帯の貸し借りへと移る。携帯を家に忘れたり充電が切れたりした友人に自分の携帯を貸すとしたら、どんな感じがするかという質問にAが答え始める。

【抜粋2：彼女もいないし】
241A　ま、別に、普通に貸して、特別、困る、ものも入ってないので。
242I　抵抗感とかあまりないですか？
243A　ないですね、まあ//かの
244I　　　　　　　　　ふーん。他の人が見るというのは、
245A　彼女もいないし、別に。//｛笑い｝
246I　　　　　　　　　　　｛笑い｝
247B　｛カメラを手で指す｝そんなものは別に映像にもこな、//撮られなくても別に｛笑い｝

248A　　　　　　　　　　　　　　　　　　{笑い}
249A　　や、別に、だからその見られて困ることは特別、入ってないんで。
250I　　ふーん。

　Aの「彼女もいないし」という発言に、BはAとビデオカメラに交互に目をやり、Aとカメラを交互に右手で指しながら、247Bを発話し、Aも笑う。プライベートな状況を述べたAに対してBがツッコミを入れているわけであるが、ここで興味深いのは、Bの発話と動作が、単なる冗談というだけでなく、自分たちが撮影されていることを前提として「カメラの前で語るにふさわしい話」についてメタ的に述べていることである。こうした撮影への意識を考え併せると、抜粋1でのBの行動も、話の勢い以上に意図的なもの、すなわち、ビデオを観る人にことばだけでなく映像でもメモ帳を提示しようとする「視覚サービス」であった可能性が出てくる。しかし、これらの行動は通常の調査回答者としてはやや異質であって、むしろ撮影が行われる何か別の状況の参加者、たとえばテレビ番組の収録などにおける出演者の行動を想起させるものである。Aが笑いを返しただけで回答を続けたため、この場はそれで終わるが、抜粋1・2でのBの行動は、この後さらに展開する〈出演者〉のプレイの萌芽と呼べるものと言える。

　このBのような言動を〈出演者〉のプレイとすることの妥当性について、確認しておきたい。Sacks (1992) は、観察者の存在への意識をメタ的に語ることを〈演技者〉のプレイとは別のやり方として区別している。それに従えば、カメラを指したり、撮影への意識を口にしたりすることは〈出演者〉のプレイとは言えなくなる。しかし、1960年代末にサックスが想定した〈演技者〉とは異なり、昨今の、特にバラエティ系のテレビ番組に登場するタレントたちには、カメラ（撮影アングルやクローズアップなど）や録画編集をネタにした冗談や発言が少なからず見られ、それ自体が一種の「テレビ出演者を想起させる言動」となっている。そうしたことをふまえ、本稿では上述のBのような言動も〈出演者〉のプレイと認定する。

4.2 回答者 A と〈出演者〉のプレイ

　4.1 節では、ビデオカメラや撮影への意識から回答者 B に〈出演者〉のプレイと呼べるものがあらわれていたことを指摘した。本節では、〈出演者〉のプレイがもう 1 人の回答者である A にも共有されていく様子を、さらに 2 つの抜粋を通して見ていく。

　抜粋 3 は、抜粋 2 の約 5 分後の部分である。携帯の紛失について、そうした経験はまだないという A に、調査者 I が 353I で心配はないかと問う。それに応じて A が、対策として変わったストラップを付けて自分の携帯が分かりやすいようにしていることを述べると、脇から B が質問を投げかけ、さらに A にストラップを映像に残すよう勧める。

【抜粋 3：ポケモンのストラップ】

353I　なんかこわいとか、心配とかいうことないですか？
354A　あ、やっぱりありますね。それ、だからあのストラップで、一応自分のんって分かるように、ちょ、ま、まあ、昔も今もちょっと、これはさすがに人つけへんやろ、人はつけへんやろみたいな、
355I　{笑い}
356B　なんかつけてる？
357A　{B に} 今、{笑い} 今恥ずかしいことにポケモンをつけてる。
358B　あー。
359A　{B に} 大学生やのにポケモンはないやろ。
360B　{カメラを手で指す} 写しといた方が(ええ)
361I　//{笑い}
362A　　{笑い}
363B　　{笑い}
364A　ちょっと恥ずかしい。
365B　音声、音声では分からへんから。
366I　{笑い}
367A　音声、音声では
368B　音声では分かれへんから。
369A　ポケモンだけ。
370B　ポケ//モン {笑い}

371A 　　　　あと昔、やったらあの、だいぶ昔、それこそほんとに昔のもう、ちょっと、い、時代、過ぎたぐらいのものをつけてたりとか。
372I 　　　　ふーん。

　Bに問われてAは357Aでポケモンのストラップを付けていることを明かし、さらに359Aで「大学生やのにポケモンはないやろ。」と自らツッコミを入れるが、その発話の最後に連なるタイミングでBは抜粋2のときのようにカメラを手で指し、360B「写しといた方が(ええ)」と勧めて他の2人の笑いを誘い、自分も笑う。また、Aが応じないのに対して、365Bと368Bでも重ねて促している。これらの発話から、話題の事物をことばだけでなく視覚的に示すことにBが一定のこだわりをもっており、したがって、抜粋1でのメモ帳の提示もやはり一定の意図があったと推測される。特に、抜粋3ではポケモンのストラップという、録画視聴者の興味を引きそうな物が話題であり、Bの促しは映像に娯楽性を盛り込むサービス精神を発揮するという意味でも〈出演者〉的なふるまいとなっている。

　一方、突然ストラップの撮影を勧められたAは、照れて断るものの、笑うだけですませた抜粋2とは異なり、364A「ちょっと恥ずかしい。」、367A「音声、音声では」、369A「ポケモンだけ。」といった発話によってBとやりとりしている。これは、抜粋2でのBの発言がAの回答に対するコメントにすぎなかったのに対し、抜粋3では積極的な促しになっていることによる。そしてその結果、Aは「恥ずかしい」という感想や、ことばだけにしておくという意思表示を述べることによって、撮影に関わるメタ的な交渉に参加するに至っている。

　続く抜粋4は、抜粋3から約5分後で、質問の話題は携帯と家の固定電話の使用の関係になっている。ここでもBが、自分のことばづかいに関してカメラへの意識を表明する。

【抜粋4：ばあちゃん／こすい】

472I 　　　　ふーん、じゃ、もうやっぱり、あまり、家の電話ってのは実際には使われてないって//ことなんです//ね、きっとね。

473A		はい。
474B		あ、でも、ばあちゃんとか、あ、あ、おばあさんとか //｛笑い｝
475A		｛笑い｝
476B		｛カメラを手で指す｝ちょっと意 // 識して｛笑い｝意識してしまいました。
477A		意識して
478I		｛笑い｝
479A		やらしいね。おばあさんもどうなん。
480B		｛笑い｝おば、祖母が、｛笑い｝祖母とか、祖父とか、のときに、だから電話を使ったりは、
481I		う // ーん。
482B		しますね。あの普通に電話、その、しん、親族の関係とか、と、あとー、なにか、あの、会社に、たとえば就職活動してるときに、どこそこという会社に電話しないとだめですけれども、でも自分の携帯で電話を使うと、電話番、電話代がかかってしまうので、家の // 電話を使うとか、
483A		あー
484I		うん。
485B		そういうこすい使い // 方
486I		こすい｛笑い｝
487A		こすい
488B		｛カメラの方を向いて｝みみっ、みみっちい使い方をしたりとかはします。｛笑い｝
489A		｛両手をチョキの形にして切る仕草｝そんなの言い直してもカットされへんから別に。｛笑い｝
490B		//｛笑い｝
491I		｛笑い｝編集して何かに使うわけじゃないんで。
492B		あっ、そういうのないんですか。｛笑い｝
493I		// はいはい。
494A		そんな気にせんで
495I		そういう使い方は全然、いた // しません。
496B		あっ、じゃ、そうなん、あそうなんですか。あ、わかりました。

　Bは、474Bで「ばあちゃん」と言ってすぐに「おばあさん」と言い直すが、「あ、あ、」と大げさに言いよどんでAやIの注目を引き、笑いを誘っている。そして、476Bで再びカメラの方に視線をやって軽く手で指し、笑いと

ともに「ちょっと意識して、意識してしまいました。」と言う。この発話の途中からBの視線は調査者のIに向き、発話も丁寧体で終わるI向けのものである。Bの撮影への意識に関わる発話は、抜粋2と3ではいずれも隣にいる友人のAに向けられ、Iは「聞かせ」の対象であったが、ここで初めてBはカメラに対する意識を直接Iに述べている。これは、冗談めかして述べたものではあるが、抜粋2や3でAに向けた「自分たちがどのように撮ってもらうか」に関する発話と異なり、回答者として調査者に自分の意識をメタ的に述べた発話である。

　Aは、Bの言い直しなどに対して479Aで「やらしいね。」とからかい、「おばあさんもどうなん。」と語の選択に注文をつけるが、そこでとどめ、カメラへの意識については一定の距離を置いている。一方、Bは480Bで「祖母」と再度言い直し、以降はまじめな口調に戻って回答を続ける。

　しかしBは、回答中で使った「こすい」という語をIが486Iでくり返して笑ったのを受けて、「みみっちい」と言い換える。Bは、488Bの「みみっ、みみっちい」をビデオカメラにまっすぐ向いてはっきり言うという、まるでニュースキャスターのようなふるまいを一瞬見せ、すぐ笑いながらIの方に視線を戻す。

　ここでAは、Bの言い直しを聞くとすぐに489Aで「そんなの言い直してもカットされへんから別に。」と言いながら、膝の上に置いていた手を出し、両手をチョキの形にして人差し指と中指を2度閉じたり開いたりする。これは、いかにもバラエティ番組などの出演者が内輪ウケ的な冗談で行いそうな発話と身ぶりである。これまでBの発話に笑いや短い応答を返すのみであったAも、ここで自ら「録画の編集」に明示的に言及し、〈出演者〉のプレイに参入する。そして、これもまた全員の笑いによって、冗談のフレーム内の発話として成立している。

　489Aに対し、Iも初めて〈出演者〉のプレイに対して応答を返す。Iは、Aの冗談に笑いながら、491I「編集して何かに使うわけじゃないんで。」と口をはさみ、492Bのとぼけた応答に対して、再度495I「そういう使い方は全然、いたしません。」と述べている。抜粋1・2では表立った反応は示さ

ないIであるが、抜粋3では回答者たちの言動に声に出した笑いを発し、抜粋4では初めて発言している。ただし、抜粋4での発話は調査者の立場からの録画の用途の説明であり、プレイでの想定(録画の編集)を否定するものとなっている。この時点では、Iは〈出演者〉のプレイへの認識は示しつつも、自分自身はあくまでその外側に立って発話している。

4.3 共感に伴う三者間での〈出演者〉のプレイ

　本節では、これまでに回答者2名によって何度か導入された〈出演者〉のプレイがついに調査者にも共有されるまでのプロセスを分析する。

　抜粋4のすぐ後、話題は後半の「ことばの使い分け」に移る。時に冗談をまじえつつも、回答者たちに〈出演者〉のプレイはあらわれず、通常の面接調査のやりとりが20分近く続いたところで、抜粋5の部分となる。抜粋5自体は〈出演者〉のプレイの事例ではないが、次の抜粋6の伏線となるやりとりがあらわれているため、ここで取り上げる。

　調査者が関西弁と標準語の使い分けを質問したのに対し、Bが「ものすごい標準語で話す相手」には敢えて関西アクセントで話すと述べ、その少し後で今度はAが抜粋5の冒頭の発言を始める。

【抜粋5：東京の人は】

921A	ま、思うに、その関東、の、あたりの、人、と話すとき、で、は、やっぱ大阪人はみんなそうなんかもしれないですけど、彼の言ったように、ま敢えて大阪弁のアクセントを、{笑い}強くしてしゃべって、しまう気がします。
922I	それは、なにかやっぱり、意識が、あるわけですか?
923A	あ、それ、なんか、なんか知らんけど負けたくない、みたいな、
924I	ふーん。
925B	あー、なんか、そう僕は負けたくないというか、「あなたたちのしゃべってる言語はアクセントがおかしいですよ」という認識で、あの僕はしゃべるので、「正しい発音はこうなんですよ」といったキング・イングリッシュみたいな//しゃべり方を、
926I	うんうん
927B	考え方を、

928A		あ、// わか、
929B		したり、
930A		わか
931B		//しますね。
932A		わかりますね。なん、そうですね、なんか、ま、たぶん、ほ、多くの大阪の、人は、東京の人は、あんまり、好きでは{笑いながら}ないので、
933I		//{笑い}
934B		{笑い}
935A		{笑い}こんなん言うたらあかんわ。
936B		残るから。
937A		残る
938B		残るから。{笑い}
939A		こんな、こんな、ね、差別的な発言はあまり。ま、けっこう、でもまあ、け、そういうふしは、強いと思うんで、やっぱ、その東京に対しての、対抗意識みたいなんがあるんですかね、// なんか、その、もともと。
940I		ふーん。

　921Aから931Bで「関東の人」(標準語話者)への対抗意識がAとBによって開陳された後、Aは932Aで、言いよどみ、ためらいを見せながらも、「たぶん多くの大阪の人は東京の人はあんまり好きではない」という発言に踏み切る。が、全員の笑いの中ですぐに自ら935A「こんなん言うたらあかんわ。」とコメントを述べる。この935Aは、調査者に向けて標準語でなされていた直前の回答発話から大阪弁に切り替えられており、独り言的なくだけた発話となっている。それを受けてすぐにBが言った936B「残るから。」をさらにAとBが互いにくり返し合い、932Aの「爆弾発言」を両者で冗談めかしてフォローする形となっている。この「残るから。」は、過激な発言が記録に残ることはよろしくないとしている意味では録音・録画の存在を意識した発話ではあるが、調査回答者の立場からも十分述べられ得ることである。

　抜粋5の少し後、標準語話者と目される調査者に配慮したのか、BがIのことを「今標準語しゃべって、はると思うんですけれども、すごくあの、ナチュラルな、言語を使ってはると思うんですよ。」と言い、その一方で「大阪の人はさー、歩きたばことか多くてー」などと言う人々には「怒りをおぼ

える」のだとして、抜粋6の冒頭の一連の発言をする。それを受けてAも968Aで、この件に関してはBと自分の意見は一致するのだと述べる。それを聞いたIは、969Iから突如自分のことを語り始める。

【抜粋6：僕も関西】

962B 　別に普通にしゃべってはる分には全然 // 普通なんです。
963A 　　　　　　　　　　　　　　　　　そうです、そうですね。
964B 　だ、なんか、さも東京があのなんか、すごい // んだぞと、
965A 　　　　　　　　　　　　　　　　　　　　一番、一番偉い // みたいな {笑い}
966B 　　　　　　　　　　　　　　　　　　　　　　　　　一番偉い、偉いみたいなこと言われると、「それは、まやかしですよ」っていうのをあばきたいがゆえに、キング・イングリッシュでしゃべってるような感じになりま // すね。
967I 　　　　　　　　　　　　　　　　　　　　　　　　　　　わかりま // すね。
968A 　この、こういう話なったら二人いっしょになってしまうんで、意見が。{笑い}
969I 　いえいえいえ。実は僕、僕も関西、
970B 　// はあ。
971A 　あーあー // はい。
972I 　　　　　あの、大学、大学 // 院、関西なんです // よ。
973B 　　　　　　　　　　　　はい　　　　　あ、は // い。
974A 　　　　　　　　　　　　　　　　　　　　　　はい。
975I 　大阪、
976B 　はい、
977I 　それから京都だった // ので、
978B 　　　　　　　　　　はあ、はあ
979I 　だから、わかるんですけど、// 気持ちは
980B 　　　　　　　　　　　　　　あ、はい
981I 　今、僕のことを言うと、
982B 　はい
983I 　すごく抑えてますね、こ、もう、お二人に合わせると、僕がどんどんどんどん関西弁になってしまうので、
984A 　あー
985B 　あー

986I　　それをすごくコントロールして話をしてるわけです // けど、
987A　　　　　　　　　　　　　　　　　　　　　あー
988B　　あ、そうなんですか。
989I　　ま、これは、今、こっちには関係ない話、// {笑い}
990A　　　　　　　　　　　　　　　　　　　　　{笑い}
991B　　　　　　　　　　　　　　　　　　　{笑い、両手をチョキにして切る仕草} なんか、へん、カットで。{笑い}
992I　　{右手をチョキにして切る仕草} そうそう。// {笑い}
993A　　　　　　　　　　　　　　　　　　　{笑い}
994B　　　　　　　　　　　　　　　　　　　{笑い}
995A　　あと、ほう、方言で言うと、僕、は、個人的にすごいあの、来て、来ない、来ないという方言が、その三都で、兵庫、京都、大阪、三都で違うん、のを、ごっちゃにしてる人がすごい嫌いなんです。

　面接調査では、調査者は回答者の話を聞くのが制度的役割[4]であって、回答者を聞き手にまわしてこのように自分のことを語るというのは逸脱した行動である。それにもかかわらず、Iが敢えて、自分も学生時代を関西で過ごし、今も関西弁を抑えながら話していると述べたのは、関西弁への愛着や標準語話者への対抗意識を関西弁でくり返し語る回答者たちに強い共感をおぼえたためであろう。また、上述のようにBがIの標準語使用に言及したことや、直前にAがBと自分は同意見だと述べたことなどがひきがねとなり、I自身も彼らと同じ側に属する人間なのだということを伝えずにはいられなかったのではないかと考えられる。
　しかしながら、やはりそれは逸脱的行動である。突然の語りに対してあいづちを打つAとBにひととおりの自己開示を行ったところで、Iは989Iで「ま、これは、今、こっちには関係ない話、」と姿勢の切り換えを表明する。面接調査において調査者と回答者がそれぞれ何をすることが期待されているかは3名全員の共通理解であり、調査者の自己開示の語りが例外的なものであることは明白である。その理解に基づいて、全員が笑い、そしてBの991B「なんか、へん、カットで。」において再び〈出演者〉のプレイがあらわれる。「へん」が「編集」と言いかけたものであることは、この発話をし

ながらBが両手をテーブルの上に出し、抜粋4でAが「カットされへんから」と言いながら行ったのと同じ身ぶりで、両手のチョキで切る仕草をしたことからも明らかである。

　Bの発話に対して、Iは992Iで「そうそう」と答え、笑う。Iはこの同調的発話によって初めて〈出演者〉のプレイに加わったことになるが、この肯定の応答以上にそれを裏付けるのは、Iの身ぶりである。この談話の録画データではカメラは調査者の右側斜め後方から回答者2名を撮影しているので、調査者は体の動きによって右手が時に写りこむ程度であるが、992Iの発話の際は、「そうそう」と言いながらBと同じようにチョキを作り、人差し指と中指を付けたり離したりして「カット」の仕草をする調査者Iの右手が観察される。これまで、回答者による〈出演者〉のプレイに対して一歩外の位置から笑いやコメントを返していたIであるが、ここに至って自らプレイに参加し、発話と身ぶりでそれを示している。

　BとIの〈出演者〉のプレイの後、すぐにAが995Aで関西方言の違いについて話し始める[5]。その後は、また通常の質問と回答のやりとりに戻り、約5分後に面接調査は終了する。

5. プレイの背景には何があるのか

　4節の分析に基づき、5.1では〈出演者〉のプレイと冗談のフレームの関係を考える。また、5.2では〈出演者〉のプレイにくり返しあらわれた2つのテーマ、「視覚的提示」と「編集によるカット」を検討する。そして5.3では、調査者を〈出演者〉のプレイに導いた参加者間の行動パターンのくり返しと共感について考察する。

5.1 〈出演者〉のプレイと冗談のフレーム

　談話において、冗談の発話は往々にしてあらわれるが、冗談の内容は何らかのプレイである必要はなく、多種多様である。実際、この調査談話にも、抜粋1の冒頭のBの発話（「Aくんに3000円貸した」）をはじめ、〈出演者〉

のプレイとは無関係な冗談が数多くあらわれていた。その一方で、抜粋2・3・4・6の〈出演者〉のプレイと考えられるものは、すべて冗談のフレームを伴っていた。これは、プレイがそもそも「遊び」であり、冗談と必然的に結びつくというだけのことなのであろうか。

　ここで、抜粋1における回答者Bのメモ帳提示を再考してみたい。その後に続くBの行動も考え併せると、そこには〈出演者〉のプレイにつながるものが確かにある一方で、冗談の要素はなかった。Bは終始まじめな表情で回答を述べ続けており、その言動は完全に面接調査のフレームにおけるものであった。抜粋1のこのBの行動は〈出演者〉のプレイとは認定しきれなかったが、それはこの時点でのBの撮影への意識が明らかでなく、後続の行動パターンとの関係で推測し得るに過ぎないからである。一方、抜粋2以降ではBはカメラへの意識を明示し、他の参加者をまきこんでいく。また、そのことによって〈出演者〉のプレイは可視化されていく。

　抜粋1のメモ帳提示行動が〈出演者〉のプレイと認定しきれないのは、それがBの中だけで閉じているからであろう。Sacks(1992)の言うゲームやパフォーマンスにおけるプレイを考えたとき、そこで重要なのはゲームのルールを共有し、ともに演じてくれる他者の存在である。他の参加者に開かれ、可視化されることがプレイの実現には必要なのである。

　ただし、面接調査という、調査者が主導権をもち、「質問―回答」という特徴的なパターンで進行していく談話において、回答者が気の向くままにその役割を別の何かに置き換えることは、談話活動自体に支障をきたしかねない。そうした中で、〈出演者〉のプレイを遂行するとすれば、その行動を緩和する解釈のフレームが欠かせない。

　このように考えると、単にプレイの「遊び」の要素が冗談に重なるのではなく、面接調査という談話状況におけるプレイの実現にとって、必要不可欠な調整的枠組みとして冗談のフレームが機能していると言える。

5.2　「視覚的提示」と「編集によるカット」

　〈出演者〉のプレイにはさまざまな行動が含まれていたが、ここではそれ

をめぐる言動が複数回観察されたテーマとして「視覚的提示」と「編集によるカット」を考えてみたい。

「視覚的提示」への関心、およびそれをめぐるプレイは、回答者Bのみに見られるものである。抜粋1でのメモ帳の提示に続き、Bは抜粋3でAにもポケモンのストラップを撮影してもらうようくり返し促す。Aが照れて応じなかったため、提示は実現に至らないが、熱心な勧め方からBの視覚的サービスへのこだわりが見てとれる。抜粋2でAの発言を「映像に撮られなくてもいいもの」としている行動も併せて、Bは録画にどのような内容を盛り込むかということへの関心を表明することによって、自分の撮影への意識を示していると言える。

一方、「編集によるカット」をめぐるプレイは、回答者Aが抜粋4で導入した後、抜粋6ではBとIによっても取り上げられたことで、最終的に参加者全員に共有されている。もともとAの「言い直してもカットされへんから」という発言も、それまでのBによる撮影への意識の表明が影響して出てきたものと思われるが、「カット」という語の使用やチョキで切る手ぶりは、実際のテレビ出演者の同様の言動を見た経験などから、〈出演者〉のプレイとしても冗談としても分かりやすく、また気軽に取り入れやすかったのではないだろうか。抜粋6で、調査者Iの発言に対してBが述べた「なんか、へん、カットで」という断片的な発話の意味がすぐに理解可能であったのも、チョキで切る仕草を伴っていたことが大きいと考えられる。Iは、抜粋4ではAの言動に対して編集して使ったりはしないと否定しているが、抜粋6では素直に「そうそう」と同意し、Bの仕草を同じようにくり返すことでプレイに加わる。抜粋4と抜粋6での行動には乖離があるが、Iがなぜ抜粋6で自己開示を行い、〈出演者〉のプレイにも参加するに至ったのかについては、以下の5.3で考察する。

5.3　行動パターンのくり返しと共感

抜粋6で調査者Iが自身の役割を一時はずし、自己開示をするに至った直接の原因は、その語りの内容からもわかるように、回答者たちの関西弁につ

いての話に強い共感をおぼえたからであろう。しかし、それまでの 40 分を超える面接調査のやりとりにおいて起こった相互行為も、少なからぬ影響を及ぼしているはずである。

　まず、この談話は全体になごやかな雰囲気の中でなされており、回答者たちは、しばしば冗談を言ったり、相手や自分の発言にツッコミを入れたりしていた。それが、調査者にとっても、リラックスした行動を可能にする下地となっていたと考えられる。

　次に、B から始まり A にも及んだ「失言→言い直し／取り消し」のパターンのくり返しがあげられる。具体的には、抜粋 4 の B の「ばあちゃん」と「こすい」、抜粋 5 の A の「多くの大阪の人は東京の人はあまり好きではない」の発話であるが、これらはいずれもうっかり口をすべらせたことをうろたえて訂正したというものではない。前者で B は、何度も言い直して笑いをとったり、「こすい」という俗語的表現に A や I が笑ったのを受けてさらに「みみっちい」をもち出したりしている。A の場合は、思い切った発言を覚悟の上で言っておいて、すぐに「こんなん言うたらあかんわ。」と自らダメ出しをするという形である。こうした行動が既にあらわれている文脈で、I は突如「実は僕も」と関西方言話者のアイデンティティを表明してから、調査者としての役割のわきまえを示すべく「こっちには関係ない話」と取り消しを述べる。この「見せ消ち」的な自己開示は、B と A に続く行動パターンのくり返しであると同時に、このパターンが含む「取り消し」という補償行為の存在にある種依存したものとも考えられる。

　加えて、調査の話題が関西弁に移ってから、「標準語（東京）への対抗意識」が回答者の口から何度か聞かれることも重要であろう。4.3 で述べたように、B も A も標準語話者にはいつも以上に強い関西弁を使うと回答している。類似の発言は、抜粋部分以外での回答においてもなされている。三牧（2013）は、初対面会話で第三者への「けなし」が話題になることについて、他者を批判的に語ることが可能になることで、「他者をけなし合える仲間であるという仲間意識が強化」(p.242) されると述べている。回答者と調査者は初対面であるが、回答者たちが標準語話者への「けなし」を口にしたことは、彼ら

の率直で隠しだてのない態度を示すものであり、それが調査者にとって回答者たちとの心的距離を縮め、共感や連帯感を強める方向ではたらき、結果として抜粋6のような自己開示行動や〈出演者〉のプレイへの参加があらわれたのではないかと考えられる。

6. おわりに

　本稿では、ある面接調査の談話をデータとして、記録用ビデオカメラの存在が回答者に意識されることによって、談話の中にテレビ番組の出演者のようなふるまいがあらわれ、参加者間に広がっていく過程を分析した。冗談に基づく〈出演者〉のプレイは、2名の回答者間の相互行為に始まり、最終的には調査者にも共有されたが、その過程には行動パターンのくり返しや話者間の共感が関わっていた。面接調査は、情報収集という明確な目的をもつ制度的談話であるが、単に質問と回答がやりとりされるだけのものではなく、その中には話者間の興味深い相互行為の諸相が見出だされるのである。

付記
　本稿は、平成18～20年度科学研究費補助金（基盤研究(C)）「三者面接調査における回答者間相互作用のバリエーションに関する研究」（課題番号18520346　研究代表者：熊谷智子）による研究成果である。

注
1　質問の内容や順序が固定されている構造化面接に対し、半構造化面接は、主要な質問は行いつつ調査者のその場の判断で発展的な質問を加えるなど、より柔軟に行われる。
2　本稿のデータを得た研究では、予備調査を含め、計50件の三者面接調査を行い、談話を収録した。詳細については熊谷・木谷(2010)を参照。

3 会話文字化の凡例は、以下のとおりである。
　　//　　　　その後の部分が次の発話と重なることを示す
　　{ }　　　笑いなどの非言語行動を示す
　　?　　　　上昇音調で発せられたことを示す
　　（文字）　当該箇所の聞き取りが不確実なことを示す
4 面接調査は、裁判、医療現場、教室などと同様に、参加者たちがそれぞれ役割に基づくアイデンティティをもち、談話の目的達成のために相互行為を行う制度的談話（Drew & Heritage 1992、好井 1999）である。
5 〈出演者〉のプレイの後、回答者たちはいずれの場合もすぐにまじめな回答モードに戻っていた。これは、面接調査という活動や、それにふさわしい行動に対する認識によるものと思われる。

参考文献

ベイトソン・グレゴリー著　佐藤良明訳 (2000)『精神の生態学』改訂第2版　新思索社 (Bateson, Gregory. (1972) *Steps to an Ecology of Mind*. New York: Ballantine Books.)

Drew, Paul and John Heritage. (1992) Analyzing Talk at Work: An Introduction. In Paul Drew and John Heritage. (eds.) Talk at Work: Interaction in Institutional Settings. pp.3–65. Cambridge: Cambridge University Press.

Goffman, Erving. (1974) *Frame Analysis*. New York: Harper & Row.

熊谷智子・木谷直之 (2010)『三者面接調査におけるコミュニケーション―相互行為と参加の枠組み』くろしお出版

三牧陽子 (2013)『ポライトネスの談話分析―初対面コミュニケーションの姿としくみ』くろしお出版

大津友美 (2007)「会話における冗談のコミュニケーション特徴　―スタイルシフトによる冗談の場合」『社会言語科学』10(1): pp.45–55. 社会言語科学会

Sacks, Harvey. (1992) *Lectures on Conversation Volume II*. Malden, MA: Blackwell.

Tannen, Deborah. (1993) What's in a Frame? Surface Evidence for Underlying Expectations. In Deborah Tannen (ed.) *Framing in Discourse*. pp.14–56. New York: Oxford University Press.

Tannen, Deborah and Cynthia Wallat. (1993) Interactive Frames and Knowledge Schemas in Interaction: Example from a Medical Examination/Interview. In Deborah Tannen (ed.) *Framing in Discourse*. pp.14–56. New York: Oxford University Press.

好井裕明 (1999)「制度的状況の会話分析」好井裕明・山田富秋・西阪仰編『会話分析への招待』pp.36–70. 世界思想社

遊び心での即興劇共演のダイナミズム
―スピーチスタイルの響鳴とそのメカニズムの分析―

高梨博子

1. はじめに

　親しい間柄等の会話において、遊び心から他者の口調で話しかけ、相手がその意図を察しつつ、楽しみながら呼応するといった演じ合いをすることはないだろうか。この場合、「他者」は、特定の人物ではなく、イメージ上のケースもありうる。本稿では、このような会話の中で自然に発生する「遊び心での即興劇」の共演という現象をとりあげる。この中では、他者が演じられることから、会話における一種の創作的な用法ととらえ、語彙、発話構造や韻律的特徴などが響鳴し合って、遊び心によるやりとりが共創されるメカニズムを分析する。さらに、これらの現象を包括的にとらえ、個々の会話といったミクロの言語のやりとりが、マクロの社会・文化的背景と密接に関係する点について論じる。
　コミュニケーションは、概してシナリオのない即興劇で、会話参与者は「役者」である (Goffman 1974, 清水 2013) と論じられているが、遊び心で自発的に演じることを楽しむ行為、そして、相手も参加していくケースをとりあげ、これら一連の相互行為のダイナミズムに着目していく。

2. 分析の主要概念

　本節では、「遊び」「フレーミング」「スピーチスタイル」といった分析に用いる主要概念を概説したうえで、「遊び」という認識の枠組みの中で用い

られるツールとしての「スピーチスタイルの仮想的用法」について論じる。

2.1 会話における「遊び」

本稿では、会話における「遊び」は、Bateson (1972) の"play"なる概念等をベースに、以下のような4つの特性を有するものとしてとらえる。

第一に、「真面目ではない」(non-serious)心情での言語活動ということである (Sully 1902, Fry 1963, Bateson 1972, ホイジンガ 1973, Norrick 1993, Chafe 2007 ほか)。このため、言語表現とその意図が異なる傾向がある一方、遊びの中で繰り広げられる世界は、想像上の世界でありながら、現実世界となんらかのつながりをもっていることも多い。

第二に、会話における「遊び」は、動的な性質を有している。すなわち、遊びは、発生から消滅までに起伏があり、話の流れの中から自然に生まれる楽しさの交感作用によって発生し、相互行為によって共創され[1]、楽しいという感情が萎えるときに消滅していく[2]。このプロセスでは、何を楽しい、あるいは面白いと思うかは、個々の会話ごとに、各時点で参与者によって感じとられていくことになる。

第三に、会話における「遊び」は、会話参与者が楽しんで行うということである。この行為は、既定の観念に縛られないものであるが、何も制約がないということではなく、遊びには、相手への配慮や節度など暗黙のモラルや規範が存在しており、これらは「規則性」(ホイジンガ 1973, カイヨワ 1990, 梶丸 2013)といった概念でも論じられている。例えば、4.2 の例にみられる「からかい」は、相手の気分を害さない、かつ、相手も楽しめる範囲では、遊びの行為として許容されうるものとなる。

第四に、会話における「遊び」には、ともに遊ぶ相手が存在する。遊びの共創と楽しさの共有によって、遊ぶ喜びが増すとともに、価値観を確認し合い、人間関係が密になっていくといった社会的な側面の活動も促進される。また、相手に見せることにも心をくだくため、相手を楽しませることによって自分も楽しむといった効果も相乗的に倍加していくことになる。

2.2 フレーミングの概念

　遊び心で即興劇が展開されるとき、額縁(フレーム)に縁取られた一幅の絵画が、壁から隔離されて新たな空間を生み出すように、「遊び」という言語活動には、それまでの真面目な会話の流れとは異なる意味づけがなされる。「フレーム」とは、会話の流れの中で、個々の場面を解釈・認識する枠組み(Bateson 1972, Goffman 1974, 1981)や、系統的に予測する仕組みであり(Tannen 1993)、フレームを構築する行為を「フレーミング」(Tannen and Wallat 1993)という。会話参与者は、フレームを理解して活用するだけでなく、そのフレームに適合した発話をし、会話を継続していく。ひとまとまりのフレーム内の会話の意図は、「メタメッセージ」(Bateson 1972)によって伝達される。すなわち、遊んでいるというメッセージは、言及指示的にではなく、メタメッセージとして、話し手の言葉の選択やスピーチスタイル、声の調子、「笑い」・「にこやかな明るい声」、話す内容、引用を示す助詞や動詞などによってやりとりされる。こうした伝達の形態は、「フレーミングの手段」(Goffman 1974, 1981)や「コンテクスト化の合図」(Gumperz 1982, 1992, 1996)と呼ばれている。本稿は、遊びのフレーミングの中核的段階に着目するが、その前後の段階を含めて、フレーミングの推移も観察していく。

2.3 「スピーチスタイル」の仮想的用法

　「スピーチスタイル」とは、個人の性格や人間性、社会的立場も含めた「その人らしさ」、つまりアイデンティティを表現する一連の系統性を有する記号形式である(Goffman 1974, Irvine 2001)。この概念は、各個人のレベルにとどまらず、その人が属する社会や集団のレベルにまで拡張してとらえることができる。すなわち、ある個人のスピーチスタイルは、概して、その人が属する社会的カテゴリー(出身地、年齢、性別、職業[3]、嗜好等が共通する集団)の特性を反映したものになるからである。スピーチスタイルは、具体的な経験等を基盤に形成されていくが、往々にして、一般化・抽象化されたイメージとして定着していく側面も有している。

　遊びの演技におけるスピーチスタイルに着目すると、こうしたイメージ

は、ある人物像を際立たせるために効果的に使われることが多い。この場合、「話し手自身」のスピーチスタイルは、話し手本人のものであるのに対し、遊びで演じる「人物像」のスピーチスタイルは、他者のものであり、「他者」と「話し手」の「ヴォイス」(voice) (Bakhtin 1981［1934］) が重なるという現象が起こる。こうした用法を本稿では「スピーチスタイルの仮想的用法」と呼ぶ。こうした「二重ヴォイス」(double-voicedness) は、引用助詞・動詞のほか、「笑い」や「にこやかな明るい声」等によっても表現される。

スピーチスタイルの仮想的用法は、「役割語」(金水 2003, 2007, 2011) や「キャラクタ」(定延 2011)、「潜在的レパートリー」(渋谷 2008) にも通じる概念であり、例えば、役割語は、「仮想現実」(ヴァーチャル・リアリティ) 上のものとして、「私たち一人一人が現実に対して持っている観念」(金水 2003: 37) ととらえられている。同用法は、演じている人物像を相手に認識してもらう必要があるため、誇張してわかりやすく伝達する傾向がある[4]。

引用において、再現の正確性よりイメージの伝達が優先される場合は、脚色あるいは創作的手法が用いられることが多く、こうした態様は「創造的引用」(鎌田 2000)、"constructed dialogue" (Tannen 2007［1989］)、"represented discourse" (Oropeza-Escobar 2011, Takanashi 2014) と呼ばれている。遊びのケースは、創作性が極めて高く、会話参与者は、人物像のイメージを最大限に活用して、わかりやすく演じることに心をくだき、ときにはわざとらしい演技もする。そして、より楽しく、かつ人物像のイメージを膨らませる効果を狙って、誇張される性格が強い。本稿では、こうした「スピーチスタイルの仮想的用法」による発話を、特に「セリフ」と呼ぶ。引用助詞や引用動詞がセリフのあとに使われる場合がよくあることからも、セリフは創造的引用の一種ととらえられるが、機能的には単なる引用にとどまらず、演技の要素が強くなっている。

3. データと分析の手法

筆者が録音・文字化した 20〜30 代の親しい友人の自然会話をデータと

して使用する。データセットは4つあり、その総時間数は4時間39分43秒である[5]。会話参与者の性別と人数の内訳は、"DRINKS"では男性4人と女性2人（そのうち例に現れるのは男性3人と女性2人）、"MOBILE PHONE"では女性2人、"BABY"では女性3人、"STUDENTS"では男性2人となっている。文字化にあたっては、イントネーションユニット（Chafe 1993, 1994, Du Bois et al. 1993）ごとに行替えをしている[6]。

分析の手法としては、データから、言語形式や構造、韻律的特徴（声の高低、強弱、長さ、速度、イントネーション、声質など）、笑い、発話内容などを観察する。そして、遊びのフレーム内のセリフ間の関係性を示すために、Du Bois (2007, 2014)の「対話統語論」（dialogic syntax）における「ダイアグラフ」（diagraph）を用いて、「響鳴」（resonance）という現象を分析する[7]。「対話統語論」は、発話間における言語形式・構造、それらから生まれる意味などの対応関係、換言すれば、「対話性」（dialogicality）（Bakhtin 1981 [1934], Voloshinov 1973 [1929]）を研究対象とするものである。また、「ダイアグラフ」は、対応する諸要素を列記することによって可視化したものである。

対応する諸要素は、「響鳴」関係で結ばれている。響鳴とは、発話間における類似性や関係性であり、音韻、形態素、語彙などの形式にとどまらず、語句・発話内の構造や韻律的特徴といった形式、さらに意味に関するものまで広い範疇でとらえられる。響鳴には、「発話間の形式と意味の両面で、対応関係を有する傾向」（Du Bois 2014: 369、筆者訳）があり[8]、多様な響鳴が形式・意味の両面において重なりあって出現することが多い。本稿では、「スピーチスタイルの響鳴」（Takanashi 2011）における形式と意味の両面に着目するが、会話の中のやりとりは、「同一の表情空間のなかで、相互に照応」（菅原 2010: 50）しつつ展開していくため[9]、響鳴現象の解析により、遊びのフレーミングのダイナミズムを解明しうると考える。

4. スピーチスタイルの響鳴の分析

本節では、複数の会話参与者たちによって演じられる役が、1)同一人物像

である場合(4.1)と、2)相補的役割関係にある2つの人物像である場合(4.2)という2つの類型の遊びの即興劇の共演について、①遊びの生起からの推移と態様、②遊びの中核的段階で発生する響鳴現象の態様と会話から生み出される社会的効果、といった観点から分析する。どちらの類型の演技においても、先行する演技で使用されたスピーチスタイルの個々のミクロレベルの言語的資源と、これに関連した社会・文化的要素といったマクロレベルの資源をもとに産出されており、連携プレイによる即興劇の共演が観察される。

遊びの即興劇では、演じられる人物像のイメージが、スピーチスタイルによって演出されて相手に伝わり、共演が円滑に進められている。その中では、演じられる人物像を予測し、それをもとに演じ返すというダイナミックな実践を通して、ストーリーも共創され、遊ぶことに対する楽しさの交感も高まっていく。そうした相互行為の過程で、会話参与者たちが面子に配慮して、人間関係を促進させるというマクロの作用も観察していく。

4.1　同一人物像の共演

会話参与者たちが同一(タイプの)人物像を相互に演じ合う例として、アメリカの若者(4.1.1)と、店に居合わせたアメリカ人の客(4.1.2)が、相互に演じられるケースを分析する。両ケースとも、会話参与者が実際に出会った人物像を創造的に描き出すとともに、その人物像を遊びの対象として共感を深めるパターンが観察される。

4.1.1　「今どきのアメリカの若者」の人物像

会話参与者の2人は、アメリカで別々の大学院に留学しており、異なる環境下にあるが、アメリカに留学中という共通経験等から、「今どきのアメリカの若者」というカテゴリーの人物像に対して、同じような価値観を共有している。この例では、「ヘッドホンをつけて携帯電話で大きな声で話す大学生」が話題となっており、(1A)でそのような大学生を茶化す遊び心が生まれ、それが共有された後に、(1B)で即興劇が始まる。まず、「①遊びの生起からの推移と態様」という点から、会話の流れをみてみよう。

(1A)[10] ((MOBILE PHONE)) <T=00:00:16>[11]
 1 タエコ：＝みんな,
 2   何頭につけてんだろうと思ってたの.
 3 チアキ：うん.
((5行省略))
 9 タエコ：あれって,
10   イヤホンで,
11   電話でしゃべ[ってるんでしょ]?
12 チアキ：   [そうそうそう]そう.
13   あたしもそれ見てびっくりした.
((10行省略))
24 タエコ：でもじゃ,
25   ってことは,
26   運転しながらもできる[ってこと]?
27 チアキ：   [そう]でしょう?
28 タエコ：でも,
29   きっと注意が散漫に[なる{☺だろうね☺}].
30 チアキ：   [あれ,
31   怖い]よ[₂ね,
32 タエコ：   [₂怖いよ{☺ね:☺}].
33 チアキ：でもね:].

　(1A)の会話は、最近、キャンパスで、大学生がヘッドホンをつけながら携帯電話で話すのをよく見かけるという話から始まる。28行目までは真面目な調(key)(Goffman 1974, 1981, Gumperz 1982, 1992, 1996)であるが、タエコの29行目と32行目の最後の部分に「にこやかな明るい声」が表れていることから、遊び心が生起し、話題の大学生たちが笑いの対象とされ始めたことがわかる。

(1B)
34   チアキ：>だってこうやって<,
35 →   アハハ,

```
36                [ってゆってるわけでしょ]?
37     タエコ： [@@]@@@
((6行省略))
44 →   タエコ： そう [ そうそう.
45 →   チアキ：    [ そんなことないよ:].
46 →   タエコ： {☺うんうんうん☺}]@@ [₂@.h
47 →   チアキ：                    [₂ そんなことないよ:].
48     タエコ： @@]
49              [₃@]
50 →   チアキ： [₃ そう ]なの:?
51              [₄{@ とかいって @}].
52     タエコ： [₄@@]@@
53     チアキ： なんか意味がよく [₅ わかん {@ ない @}].
54 →   タエコ：                [₅{☺ マ ]ジ:☺}?
55              [₆{@ とかいったりして @}].
56     チアキ： [₆{@ うんそうそう @}].
57     タエコ： @@@
58     チアキ： @@.h
```

　タエコに遊び心が生まれたことを察知して、それに応えるように、チアキは、(1B)の冒頭で、アメリカ人大学生の役を「アハハ」(35行目)と言って即興で演じる。ここから、遊びの即興劇がスタートする。この発話は、本当に笑っているのではなく、笑い声が語彙化され、1音ずつ区切って発音されている。これに続く「ってゆってるわけでしょ?」(36行目)では、引用助詞「って」と引用動詞「ゆってる」が使われている。44行目以降では、35行目で始まった遊びの演技が再開され、アメリカ人大学生の役の共演を通して、2人がともに人物像のイメージを膨らませて楽しんでおり、54行目で演技が終了したあとも、笑い合って余韻を味わっている。

　次に、「②遊びの中核的段階で発生する響鳴現象の態様と会話から生み出される社会的効果」という点に着目する。ダイアグラフ(1a)は、同一人物像に関する双方のセリフを抽出したものである。発話の構造においては、「セリフ＋引用助詞等を含む表現の有無」の組み合わせで、響鳴がみられる。

(1a)

行	話し手	セリフ	引用助詞等を含む表現
35	チアキ：	アハハ　　　　　，	
36			ってゆってる{　}?[12]
(+7)[13]			
44	タエコ：	そうそうそう　　．	∅
45	チアキ：	そんなことないよ:．	∅
46	タエコ：	うんうんうん　　．	∅
47	チアキ：	そんなことないよ:．	∅
(+2)			
50	チアキ：	そうなの:　　　？	
51			とかいって．
(+2)			
54	タエコ：	マジ:　　　　　？	
55			とかいったりして．

（44〜47行目は「今どきのアメリカの若者」）

　ここで響鳴関係をみると、44〜47行目までのセリフは、すべて引用助詞や引用動詞を伴っていない点で構造的に響鳴し合っている[14]。また、タエコのセリフ間では、44行目と46行目において、「そう」が「うん」には置き換えられているが、どちらも3回反復している点で、構造的な響鳴がみられる。それぞれ相手への同意を示す表現が用いられていることから、言葉の意味や内容など語用論的にも響鳴している。45行目と47行目では、同じ言葉の繰り返しという語彙的響鳴（音韻・構造・意味的響鳴も含む）に加えて、語尾の音の引き延ばしという韻律的響鳴もみられる。

　50行目と54行目のセリフは、どちらも発話末が上昇イントネーションになっており、韻律的に響鳴しているほか、驚きを示す相手への反応との面で語用論的な響鳴も示している。さらに、「セリフ＋引用助詞等を含む表現」という構造面においても響鳴がみられる。

　語用論的響鳴について、人物像に対する認識という面から分析してみよう。7つのセリフのスピーチスタイルは、1) くだけた話し方、2) 内容もノリも軽く、テンポが良い、という点で共通の特徴があり、同じタイプの人物像

を彷彿とさせる。具体的には、どのセリフも、相手へのごく簡単な反応や応答にとどまり、発展的内容を伴っていない。このようにミクロのレベルでは、双方のスピーチスタイルが響鳴し、マクロのレベルでは、社会・文化的知見をもとにして価値観を響鳴させつつ、共演を通して人物像のイメージを膨らませて楽しんでいる。また、2人は遊びのフレーミングに積極的に参加することによって、双方の肯定的面子を増長させるとともに、親密な人間関係を基盤としつつ、遊びの対象に対する共感や仲間意識も高め合っている。

興味深いことに、遊びの対象とされる人物像はアメリカ人大学生であるにも関わらず、セリフはすべて日本語であるため、人物像のイメージには日本人の大学生や若者一般の「軽い」イメージが重なっていて、それが日本語のスピーチスタイルに表れている。具体的には、相槌を打ったり短く反応したりするだけの発話、「そうそうそう」や「うんうんうん」のように短い語を速く3回反復させる調子の良さのほか、「本当?」という意味をもつ「マジ:?」という日本語の若者言葉などが使われている。韻律においても、「そんなことないよ:」「そうなの:?」「マジ:?」における最後の音の引き延ばしや、「そう」と「マジ:」における音の強調は、それぞれ若者の気怠いイメージや大げさに反応するイメージを演出している。「そうなの:?」と「マジ:?」の発話末の上昇イントネーションも、日本語における若者言葉の特徴と一致するものとなっている。

4.1.2 「大量買いをする日本人に呆れるアメリカ人」の人物像

同一人物像の共演の例を、もう1つみてみよう。3人の男性の友人が共通の経験を思い出しながら話しているが、そのうちの2人によって遊びの即興劇が共演されている。3人がアメリカの某Tシャツ店を訪れたとき、トモヤがTシャツを大量買いしたため、レジで後ろに並んでいたアメリカ人女性客に笑われた経験を語っている (1～5行目)。

(2) ((DRINKS)) <T=00:03:42>
1 　トモヤ： 俺だって,

2   めちゃめちゃいっぱい,
3   買ってったら:,
4   よ-
5   後ろの姉ちゃんに笑われたじゃん,
6   {@ なん [か @}].
7   ハヤト：   [@]@ [₂@@]
8 → トモヤ：   [₂何だこいつ] {@ って @}[₃@]@@@
9   ケンジ：   [₃な -]
10 →   {☺何この日本 [₄人っていう ☺},
11 トモヤ：   [₄@@@@@]
12 ケンジ：{☺ かんじだった] よね ☺}?
13   {☺ あれね ☺}?

　まず、「①遊びの生起からの推移と態様」という点から、会話の流れをみてみよう。最初の5行で経験を回想したのち、6行目の笑い声による「なんか」で遊び心の発生が表示され、7行目の相手の笑いで、それが伝達したことがわかる。8行目の「何だこいつ」というセリフは、自分が呆れられたとの思いを、女性客の心中を想像して表現しており、ここから、遊びの演技がスタートしている。トモヤは女性客の役を演じることによって、直接的には彼女を笑いの対象に仕立てあげているが、間接的な笑いの対象は自分自身である。遊びの演技の開始を認識したケンジは、「何この日本人」(10行目)というセリフで同じ女性客を演じ、自発的かつ積極的に即興劇に参加している。11行目以降では、笑い声やにこやかな明るい声に、遊び心の名残がみられる。

　次に、「②遊びの中核的段階で発生する響鳴現象の態様と会話から生み出される社会的効果」について、ダイアグラフ(2a)を用いて分析する。まず2人の発話の間には、「セリフ＋引用助詞等を含む表現」という構造の響鳴がみられる。

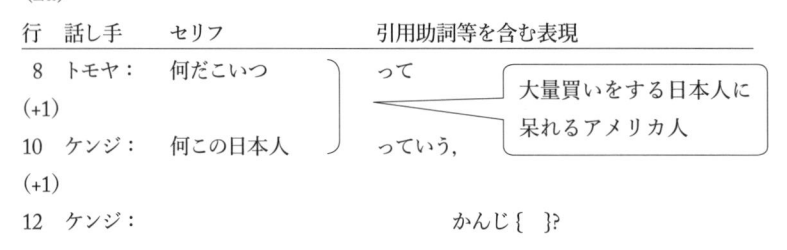

(2a)

行	話し手	セリフ	引用助詞等を含む表現
8	トモヤ：	何だこいつ	って
(+1)			
10	ケンジ：	何この日本人	っていう,
(+1)			
12	ケンジ：		かんじ{ }?

大量買いをする日本人に呆れるアメリカ人

　セリフ内の構造をみると、8行目と10行目のセリフは、「述部＋主部」という同じ構造をとりつつ、意味において響鳴している。ケンジのセリフでは、トモヤの「こいつ」が「この日本人」に変形しているが、トモヤの「大量買い」が海外での日本人の行動パターンを連想させるため、呆れる対象が「トモヤ本人」から「海外で大量にお土産を買う日本人の一人」へと微かに移行していることを表している。これにより、ケンジは女性客によるトモヤ個人への感情表現を軽減し、相手の面子を擁護していると考えられる。

　8行目と10行目の各セリフでは、トモヤという日本人買い物客に呆れる人物像の態度が、共通して「冷やかな」言葉遣いによって表現されている。このように構造的響鳴のほか、「呆れた態度」をとる人物像の「冷たい口調」を示すスピーチスタイルにおいて、語用論的響鳴がみられる。アメリカ人女性客は実際何も話していないのだが、トモヤが心情を推察し、自らを笑いの対象にするという脚色を加え、それを日本語にして演じている。冷たい口調や女性らしからぬ乱暴な言葉が使われているのは、大量買いしたことにその女性が呆れている様子を示すためである。これらによって、自らを笑う度合いとともに面白さの度合いも強くなっている。笑われた自分をさらけ出して笑い飛ばすというトモヤの余裕のある行為は、人間性の幅を示しており、肯定的面子を伸長させる積極的な自己表出となっている。

　事例(2)においても、(1)と同様、アメリカ人の人物像が、日本語のスピーチスタイルを使って共演されている。このことから、経験の再現であっても、遊びでは、実際の会話にはないことまでを想像し、また、異なる言語に翻訳したスピーチスタイルでの演出からも明らかなように、面白く脚色した

セリフを通して人物像を鮮明化して楽しむことが優先されていると考えられる。

4.1.3 同一人物像の共演のまとめ

本項では、2つの事例で、会話参与者たちが同じ（タイプの）人物像を即興的に演じ合ってふざける過程を分析した。真面目なコンテクストから発生した遊び心が相手に伝播し、遊びの演技が始まっており、相手も遊びの演技に参加して共演が行われた後、遊びの余韻が会話に残る様子が観察された。

セリフのスピーチスタイルには、ステレオタイプの認識における語用論的な響鳴がみられたが、それらと共起して、音韻、語彙、構造、韻律、意味の諸レベルで響鳴関係がみられた。また、セリフには、同一人物像のスピーチスタイルの系統性を保ちながら、変形された言語形式で響鳴するケースが多く観察された。この場合、会話の相手は、話し手のスピーチスタイルから演じられる人物像を推察し、そのステレオタイプの知識をもとに創造的なセリフを提供するという相互行為の実践を通して、同一人物像のイメージを増幅させていた。

即興劇共演の資源としては、話し手のセリフ内のミクロの言語資源のほか、演じられる人物像のイメージやそこから想起される言葉遣い等の言語面での特徴といったマクロの言語・社会・文化資源も利用されていた。すなわち、その人物像はどのような性格なのか、それはどのような話し方や行動に表れているのか、という観念が、相互のセリフのスピーチスタイルを通してメタメッセージとして伝達され、探り合いながら即興的な演技で表現されることによってその都度再確認され、刷新されていくプロセスが観察された。

会話参与者の面子への配慮も、その場のミクロレベルの会話と、持続する人間関係というマクロレベルの社会的要因との相互作用を示唆していた。これらのミクロとマクロの相互作用のダイナミズムを通して、演技による遊びのフレームの共創だけでなく、社会的観念や人間関係までもが共創されている様子が観察された。

4.2 相補的人物像の共演

次に、会話参与者たちが、相補的役割関係にある2つの人物像を即興で演じ合う例をとりあげる。本項では、学生とその指導教授 (4.2.1)、日本人夫婦 (4.2.2) という組み合わせの人物像の共演を、スピーチスタイルの響鳴を通して分析する。

4.2.1 「学生」と「指導教授」の人物像

(3)は、男性の友人2人が、学生とその指導教授という相補的役割を即興でロールプレイする例である。オサムは、アメリカの大学院へ留学を希望しており、その申請書類の提出が話題となっている。

まず、「①遊びの生起からの推移と態様」という点から、会話の流れをみてみよう。1〜4行目では、笑い声やにこやかな明るい声から、それまでの真面目な調から一転して、オサムが指導教授への連絡を失念した自分の不真面目な態度や滑稽さを笑いの対象にし始めたことがみてとれる。

(3)　((**STUDENTS**))　\<T=00:32:47\>

```
1      オサム：＠
2             {＠ 今週 ＠}{☺ の月曜日 ☺}{＠ に ＠}＠
3             .h{☺ 先生に電話するぃ‐はずだったの ☺},
4             {＠ 忘れてた ＠}＠＠
5 →    タケル：{☺ <°中村く：ん°> ☺}.
6      オサム：.hn
7 →    タケル：>ほんと行く気↑あるの↑か君↑は↓:<.
8 →    オサム：.ht{☺ すっ:かりあの:,
9 →           羽子板市の:,
10 →          最中でした ☺}.
```

この感情の変化が引き金となり、5行目から、仮想現実における遊びの即興劇の共演が始まる。まずタケルが、「中村く：ん。ほんと行く気あるのか君は:」(5、7行目)と、約束を守らないオサムを諌める「指導教授」に「現実の自身」を重ねて詰問すると、オサムは同じように「指導教授に叱られる学

生」に「現実の自身」を重ねて、「すっ:かりあの:、羽子板市の:、最中でした」(8～10行目)と、年末行事の羽子板市でのアルバイトが忙しかったために、すっかり約束を忘れてしまったと弁解をしている。これは、タケルのセリフのスピーチスタイルから教授役が演じられていることを即座に推察し、それと相補的な関係にある学生役のスピーチスタイルを用いて、語用論的に響鳴する形のセリフで演じているものである。この演技のあとにも、にこやかな明るい声がきかれ、遊び心の余韻が残っていた。

次に、「②遊びの中核的段階で発生する響鳴現象の態様と会話から生み出される社会的効果」に着目する。ダイアグラフ(3a)は、(3)のセリフの抜粋である。まず、2人のセリフがどちらも引用助詞等を含む表現を伴わない点において、「セリフ＋引用助詞等を含む表現無し」という構造の響鳴をしていることがわかる。

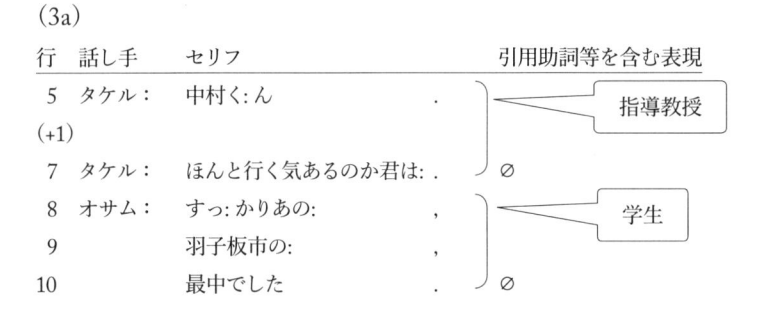

(3a)

行	話し手	セリフ	引用助詞等を含む表現
5	タケル：	中村く:ん　　　　　　．	⎫ 指導教授
(+1)			
7	タケル：	ほんと行く気あるのか君は:．	∅ ⎭
8	オサム：	すっ:かりあの:　　　　，	⎫
9		羽子板市の:	⎬ 学生
10		最中でした　　　　　　．	∅ ⎭

セリフ内の響鳴関係について、まずダイアグラフ(3b)で、教授役のセリフ内の呼称をみると、「中村くん」(5行目)という呼びかけ語と、「君(きみ)」(7行目)という対称詞は、どちらも男性の教授が学生を呼ぶときのスピーチスタイルとして響鳴している。

(3b)

行	話し手	セリフ（呼称）	
5	タケル：	中村く:ん	.
(+1)			
7	タケル：	{ } 君　　は:	.

　次に、ダイアグラフ(3c)で教授役と学生役のセリフ内の響鳴関係をみると、語用論的意味における「相補的スピーチスタイルの響鳴」が顕著に表れている。まず、教授役の7行目のセリフには、権威ある男性にみられる典型的なスピーチスタイルの疑問形の語尾「のか」が使われている。一方、それに答える学生役は、「でした」(10行目)という丁寧体の語尾によって、教授に対して謙虚に話す学生が演出されている。ほかにも、オサムのセリフでは、言い訳(8〜10行目)や、「あの:」(8行目)という言い淀みなど、学生らしい言語行動が演出されている。

(3c)

行	話し手	セリフ（語尾）	
7	タケル：	ほんと行く気ある のか { }	.
8	オサム：	すっ:かりあの:	,
9		羽子板市の:	,
10		最中　でした	.

　ダイアグラフ(3d)では、韻律的特徴による響鳴を右欄に示している。5行目では、ゆっくり低い声に加え、音の引き延ばしとイントネーションユニット末の下降イントネーションによって、学生の態度に呆れている教授の様子が演出されている。一方、7行目では、全体的に早く、イントネーションの高低の起伏が激しく、苛立って早口に相手を責めたてる口調に変わっている。このように対照的な韻律の使用により、教授役の感情が劇的に演出されている。

(3d)

行	話し手　セリフ	韻律的特徴
5	タケル：<ﾟ中村く:ん゚>	ゆっくり低い声
(+1)		
7	タケル：>ほんと行く気↑あるの↑か君↑は↓<.	速く高低の幅が広い
8	オサム：.htすぅ:かりあの:―――	歯間からの吸気音
9	羽子板市の:	
10	最中でした ―――	少量ずつの発話

　教授役に対して、オサムは即座にそれと相補的な学生役で切り返す（8〜10行目）。「あの:」（8行目）という言い淀みの言葉は吸気音とともに、アルバイトに没頭するあまり約束を忘れてしまったことを言い訳するときの学生の躊躇する態度を表わしている。学生役のセリフでは、音の引き延ばしが3回も起こり、各イントネーションユニットは短く、かつイントネーションユニット末はすべて下降調であることから、叱られた学生が、神妙な態度で弁解する様子が演出されている[15]。また、このセリフには、自分の過失の理由の言いにくさも表れている。このやりとりでは、教授が「叱る」と学生が「言い訳をする」という言語行動パターンにおいてもスピーチスタイルが相補的に響鳴している[16]。

　この例では、会話参与者であるオサムが遊びの対象になっており、演じられている内容は、事実から派生した仮想現実である。オサムが指導教授への電話を怠ったこと、アルバイトが忙しかったことは事実だが、その教授から叱責を受けてはいない。はじめにタケルが、教授の言語行動の予測・仮想とあわせて、自分の気持ちを重ねた二重ヴォイスで教授役を演じているが、この「からかい」の形をとる遊びは非難の度合いを軽減する効果をもつ。それに対して、相手は仮想世界の自分に現実の自分を重ねた二重ヴォイスで演じ返すことにより、弁解がし易くなっている。このように、話し手たちの本音が他者のヴォイスを通してやりとりされることによって、良好な人間関係の維持に寄与している。

　即興劇の共演は、演じられる人物像に対して、お互いが共通のイメージや

価値観、典型的なスピーチスタイルや行動パターンに関する認識を共有していたために実現したものと考えられる。これらはミクロの会話の場面で活性化され、友好的な人間関係の醸成やユーモアの理解を含めた人間性の深化などに活用されたのち、マクロの環境に還元されていく。

4.2.2 「日本人夫婦」の人物像

　最後に、日本人夫婦の人物像が共演される遊びの例をみてみよう。夫と妻の役を、3人の女性の友人たちがロールプレイしながら即興で演じている。3人のうち、リホコとミクには日本人の夫がおり、ハナは結婚していないがアメリカ人のボーイフレンドがいて、「ベイビー」と呼び合うことが話題となり、その場の雰囲気が楽しいものとなりつつある。

　本項では、遊びの各段階において、分析の諸要素が複雑な展開をすることから、「遊びの生起からの推移」とあわせて、「響鳴現象の態様および会話から生み出される社会的効果」に着目してみよう。

　この会話の前には、ハナがボーイフレンドと「ベイビー」と呼び合うとの発言に対し、リホコとミクが大いに反応して笑いが起こり、3人の間で楽しい感情が交感されていた。楽しい雰囲気に乗り、ミクがリホコに、自分たちの夫も「ベイビー」と呼んでみないかと提案し、リホコが同意したため、(4A) の1行目で、ハナがふざけて奨めている。ミクは、この提案を面白がり、「今晩」(2行目) を繰り返して笑っている[17]。これらの発話での笑いやにこやかな明るい声から、遊び心が会話参与者たちの間に伝播していることがわかる。4行目でリホコが、夫を「ベイビー」と呼ぶ「妻」役を演じ始めることによって、演技が開始される。5行目では、「ベイビー」の繰り返しという音韻・語彙・意味の響鳴で、ハナも「妻」役を演じている。

(4A) ((BABY))　<T=00:59:49>

1　　ハナ：　今晩じゃあ {☺ だんなさん [帰ってきたら ☺}],
2　　ミク：　　　　　　　　　　[{☺ 今晩 ☺}@@@][₂@}
3　　ハナ：　　　　　　　　　　　　　　　　　　　[₂@.h}

```
4→   リホコ:                          [₂°↑ハイ ]ベイビー:°?
5→   ハナ:    [₃{☺↑ベイビー:☺}]] [₄@@@@]
6    ミク:    [₃@@]            [₄@@]
```

　(4A)の5行目では妻役を演じたハナが、(4B)の7行目では、からかいながら「何だおまえ」と言って、妻に「ベイビー」と呼ばれたあとの「夫」役へと即座に役を切り替え、1人2役を演じている。このセリフのあとには、引用助詞「と」と受動態の引用動詞「言われ(る)」(10行目)が現れており、ハナは、演技中で使用した二重ヴォイスのうち夫役のヴォイスを切り離し、さらに、視点をリホコやミクの立場に移して、彼女たちが夫に冷たくあしらわれることを想定していることがわかる。ミクも、「(夫を「ベイビー」なんて呼んだら)怖がられんだよね」(8行目)と、受動態を用いて妻の立場を表現している。ミクは11行目で夫役を引き継ぎ、7行目の夫役の冷めた反応を、(ミク自身が重なっている)妻役をからかう態度へと変化させている。この一連の会話は、夫に「ベイビー」と呼ばれることを期待しても、かえってからかわれる結果になるとの思いを表しており、自分や夫、あるいは夫婦関係といった「内的関係（うち）」を遊びの対象にしている。

(4B)
```
7→   ハナ:   °何だ [₅おまえ°,
8    ミク:        [₅{@ 怖がら ][₆れん ][₇だよね @}@@@]
9    リホコ:             [₆@@]
10   ハナ:   とか ][₆{@ 言われ ][₇ちゃう @}@@@@.h][₈@@@]
11→  ミク:                          [₈{☺うん何だ ]デブ☺}?
12                {☺ とか ☺} [₉{@ 言われちゃうんだよね @}].
13   ハナ:            [₉@@@@][₁₀@.h@@]
14   リホコ:          [₉@@@@][₁₀@@@]
```

　(4C)では、ミクが、夫役のセリフは、自分が夫に言われそうなことと言い、リホコも、自分たち夫婦の間でも「ベイビー」と呼び合うことはあり得

ないと述べているが、これらは、笑いやにこやかな明るい声を伴っており、自分自身や夫婦関係を笑いの対象とする遊び心が持続していることがわかる。この中には、「ベイビー」という英語圏の男女の「愛情表現による呼び方」は素敵で憧れるが、自分たち日本人夫婦には似合わない、というユーモアも盛り込まれている。

いったん中断されていた演技は21行目で再開され、ミクは、夫が自分を「デビー」と呼ぶ様子を演じている。3人の会話参与者は、妻または夫の人物像を、妻役（4、5行目）と夫役（7、11、21行目）による相互のロールプレイという形をとりながら即興劇を共演している。

(4C)
15　ミク：　　［₁₀｛@ほ:んとに@｝｛☺絶対そう☺｝］,
16　ハナ：　　［₁₁.h@@@］
17　ミク：　　［₁₁｛☺もう見えてるわ］［₁₂私☺｝］.
18　リホコ：　　　　　　　　　　　　［₁₂@@］
19　ハナ：　　@.hn@.hn ［₁₃@.hn］
20　リホコ：　　　　　　［₁₃｛☺んん］［₁₄できない☺｝］.
21→　ミク：　　　　　　　　　　　　［₁₄｛☺°デビー:°☺｝］?
22　　　　　　｛☺とか言って☺｝@@@

ダイアグラフ(4a)は、(4A)〜(4C)内の5つのセリフを抽出したものである。これらは「セリフ＋引用助詞等を含む表現の有無」という構造面での響鳴を示しており、妻役の2つのセリフ（4、5行目）、夫役の3つのセリフ（7、11、21行目）は、それぞれ引用助詞等を含む表現の有無という点で共通した構造を有している。

(4a)

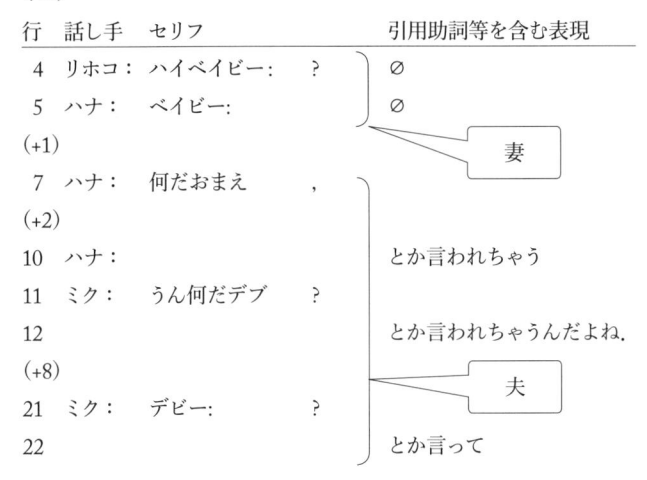

行	話し手	セリフ	引用助詞等を含む表現
4	リホコ：	ハイベイビー：　？	∅
5	ハナ：	ベイビー：	∅
(+1)			
7	ハナ：	何だおまえ　　　,	
(+2)			
10	ハナ：		とか言われちゃう
11	ミク：	うん何だデブ　？	
12			とか言われちゃうんだよね.
(+8)			
21	ミク：	デビー：　　？	
22			とか言って

4・5行目は「妻」、7〜22行目は「夫」とまとめられている。

　次に、夫と妻役のセリフにおける相補的関係性をみていきたい。ダイアグラフ(4b)では「呼びかけ表現(または返事)＋呼称」という構造で響鳴がみられる。そして、妻役の呼びかけ表現「ハイ("Hi")」(4行目)と夫役の返事「うん」(11行目)、また、「ベイビー」という妻役の夫役への呼称(4、5行目)と、「おまえ」(7行目)、「デブ」(11行目)、「デビー」(21行目)という夫役の妻役への呼称は、それぞれ同一構造内の構成要素として並置されている。これらは形式は異なるが、同じ機能を果たしており、語用論的響鳴関係にある。また、夫役のセリフ「何だおまえ」(7行目)と「(うん)何だデブ」(11行目)の間には、「何だ＋呼称」という構造の響鳴がみられ、さらに、7行目と11行目では、「何だ」の繰り返しによる音韻・語彙・意味の響鳴がみられる。

(4b)

行	話し手	セリフ		
4	リホコ：	ハイ	ベイビー：	？
5	ハナ：		ベイビー：	
(+1)				
7	ハナ：	何だ	おまえ	,

(+3)
11 ミク： うん 何だ　　デブ　　　？
(+9)
21 ミク：　　　　　　　　デビー:　　？

　ダイアグラフ(4c)には、音の響きを利用した言葉遊びがみられる。すなわち、「ベイビー」と「デブ」の各語の構成要素である「ビー」や「デ」による音韻的響鳴をベースとし、「妻への呼称」という語用論的響鳴とあいまって、「デビー」という言葉が創造されている。

(4c)

行	話し手	セリフ(響鳴による造語のプロセス)
4	リホコ：	{　}　　　ベイ　ビー:　　　　？
5	ハナ：	ベイ　ビー:
(+5)		
11	ミク：	{　}　　デブ　　　　　　　　？
(+9)		
21	ミク：	デ　ビー:　　　　？

　ダイアグラフ(4c)の囲み部分が示すように、夫役から妻役への「デビー」(21行目)という呼称の造語は、「ベイビー」(4、5行目)の「ビー」と「デブ」(11行目)の「デ」の音の組み合わせとなっている。遊びのプロセスでは、遊びの度合いが徐々に増す傾向があるが、妻の呼称においても、「ベイビー」に始まり、「おまえ」→「デブ」→「デビー」の順に、次第に辛辣な表現へと変化している。

　ダイアグラフ(4d)に示すように、響鳴は韻律的要素にもみられる。4行目の妻役のセリフは、高いピッチと弱めの音量で、語尾が上昇イントネーションで発話されている。こうした女性らしい話し方の韻律的特徴もスピーチスタイルの要素であり、かわいらしい妻のイメージを演出している。

(4d)

行	話し手	セリフ	韻律的特徴
4	リホコ：	°↑ハイベイビー:° ?	高いピッチ・弱めの声・上昇イントネーション
5	ハナ：	↑ベイビー:	高いピッチ
(+1)			
7	ハナ：	°何だおまえ° ，	低い声
(+3)			
11	ミク：	うん何だデブ ?	強い声
(+9)			
21	ミク：	°デビー:° ?	低くて強い声

　5行目の妻役のセリフでも、4行目のセリフの韻律的特徴のうち、高いピッチが再利用されている。一方、夫役のセリフは、「何だおまえ」(7行目)では低く、「うん何だデブ」(11行目)では強く、「デビー」(21行目)では低くて強い声で話されており、男性らしさが演出されている。ミクは、自分が夫に「デブ」や「デビー」と呼ばれることを仮想してふざけているのだが、遊びの度合いを強めて侮蔑的な口調を用いているのは、遊びが自分に向けられ、他人を傷つけるおそれがないためと考えられる。(4B)と(4C)で示したように、これらのミクのセリフは、にこやかな明るい声で話されており、その前後でも、他の会話参与者から笑いが湧き起こっていることから、誰も不快に感じることなく、愉快な感情が活発に交感されていることがわかる。事例(4)は、文化的要素にも根差した夫婦関係に関わる会話であり、誰が、どの範囲・程度まで遊んでよいのか、会話の各段階において、相手との繊細な交渉が行われている。それらは、即興的な会話の中では、緊張感やスリルを伴うものとなっている。このため、共演が実現したときには、大きな達成感や充実感が得られ、遊び自体の喜びが増すという特徴がみられる。このように繊細な内容であり、かつセリフの数や話者交替が多いより複雑な事例においても、演じる人物像は、遊びのプロセスを通じて、より具体的なイメージをもって会話参与者間で共有され、共通認識化されている。

4.2.3 相補的人物像の共演のまとめ

　本項では、2つの事例で、相補的人物像が演じられるケースを分析したが、遊びの動向については、同一人物像のケースと同様の段階的進展が観察された。

　(4)の遊び心での即興劇では、ミクやリホコの夫婦の間柄と、それに代表されるような典型的な日本人夫婦の間柄に対する考え方、そして夫と妻のスピーチスタイルの認識などが、人物像の共演を通してメタメッセージとしてやりとりされている。夫婦関係としては、概して日本人の夫は妻を愛情表現で呼ばないことが多く、また、照れ臭さのためか、愛情を積極的に表現しない傾向があるという共通認識が会話参与者たちの間で保有されている。ミクとリホコは、「夫と甘い呼称で呼び合う」といった仮想現実を楽しんでいるほか、突然アクションを起こしてみても夫は期待通りに応えてくれず、からかわれるだろうという思いが、夫婦像のスピーチスタイルなどによって表現されていた。このような言語認識は、社会や文化に根差すものだが(Irvine 2001)、同一のスピーチコミュニティーに属している人の間でも一致しないことがある。このため、コミュニケーションの場で、共通する資源として使用されながら、相互の観念の探り合いという交渉段階を経て再確認もされているのである[18]。さらに、ハナがミクやリホコをからかう点や、ミクが自らを笑いの対象として遊びを展開する点で、会話参与者が相手の面子に配慮しながら人間関係を円滑にしている様子が伺える。

　4.2で、人物像を推察して適切な切り返しを行うという点では、4.1と同様のメカニズムがみられる一方、「演じ返す」言語実践は、相補的関係にある別の人物像を、それに相応しいスピーチスタイルで演じるため、より複雑なメカニズムを要している。2つの事例では、演じられる人物像に会話参与者の誰かの人物像が重ねられていたが、積極的な自己表現やからかい、非難の度合いの軽減、など相手に配慮した行為を通して、遊びが人間関係を調整・促進する機能を果たしていることが観察された。

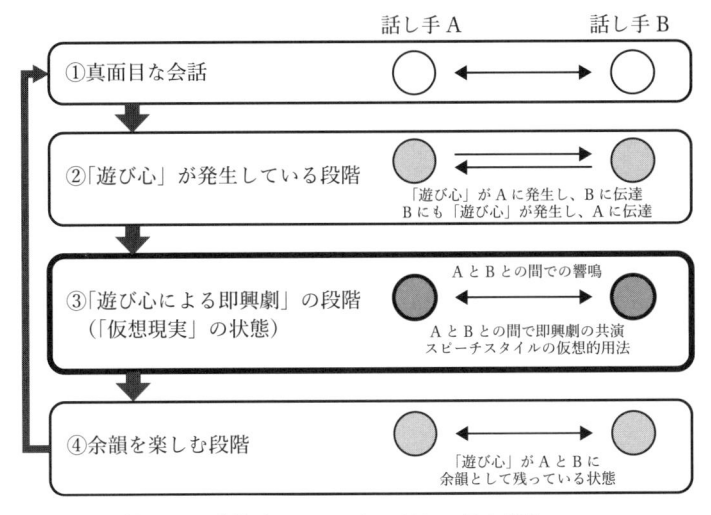

図1　即興劇による「遊びのフレーミング」の基本構造

①真面目な会話
話し手A ↔ 話し手B

②「遊び心」が発生している段階
「遊び心」がAに発生し、Bに伝達
Bにも「遊び心」が発生し、Aに伝達

③「遊び心による即興劇」の段階
（「仮想現実」の状態）
AとBとの間での響鳴
AとBとの間で即興劇の共演
スピーチスタイルの仮想的用法

④余韻を楽しむ段階
「遊び心」がAとBに
余韻として残っている状態

5. 分析結果のまとめ

　遊び心で即興劇が自然に発生し、その共演によって遊びのフレームが構築されていくダイナミックなプロセスについて、スピーチスタイルの仮想的用法の響鳴との観点から事例をみてきた。これらより、1)即興劇による「遊びのフレーミング」の基本構造、2)「同一」あるいは「相補的」人物像の共演の特徴、3)「遊び」の特質、との諸点から分析結果を整理する。

　第一に、即興劇による遊びのフレーミングには基本構造がある。すなわち、真面目な会話の段階から、「遊び心」が発生して共有され、即興劇の共演という中核的段階を経て、ともに余韻を楽しむという段階に至る推移が観察される（図1）。会話参与者は、こうした基本構造のもと、フレームや遊びの対象に対する認識・感情を確認し合いながら、遊びのフレーミングを進行させている。

　第二に、「遊び心での即興劇」の共演の2つの類型では（表1）、「響鳴のメカニズム」の視点からみると、どちらの場合も、はじめの演技者が用いるスピーチスタイルから次の演技者が人物像を推察し、話し方や行動パターンな

表1 4つの事例の特徴

類型	事例	遊びの対象	即興劇のストーリーの内容
同一人物像	(1) 今どきのアメリカの若者 (2) 大量買いをする日本人に呆れるアメリカ人	第三者	実際の経験をもとに脚色した仮想現実である。
	[響鳴のメカニズム] 相手のスピーチスタイルから人物像を推察し、**同一人物像**をそれに相応しいスピーチスタイルによるセリフで演じ返す。		
相補的人物像	(3) 学生と指導教授 (4) 日本人夫婦	会話参与者	現実の状況から派生した仮想現実である。
	[響鳴のメカニズム] 相手のスピーチスタイルから人物像を推察し、それと**相補的関係を有する人物像**を、それに相応しい別のスピーチスタイルによるセリフでロールプレイを行う。同一人物像の共演に比べ、より複雑なメカニズムとなっている。		

どの価値観に依拠しながら、語彙や構造、韻律的特徴、意味などにおいて響鳴するスピーチスタイルを用いて演じ返すことが共通に観察された。相補的人物像を演じる場合は、人物像間の社会的な役割関係等をも考慮して、演じる役割のスピーチスタイルを決めることになるため、より複雑なメカニズムを構成することになる。

　第三に、「遊び」の特質について、2.1で示した4つの基本的特性は、各事例において、一定の論理的なつながりのある現象として観察された。図1に示すように、前兆となる感情の変化を経たうえで「自然に発生する」プロセスが観察されており、真面目な会話から、会話参与者の誰かに話題の人物を茶化して面白がる感情が生まれていた。そして、それが相手に伝達・連鎖し、同じ感情の共有が認識されたのちに、遊びの即興劇が始まっていた。これらの点で、「相手とともに」「楽しむ」という遊びの特性がみられた。

6. メタメッセージによる「ミクロとマクロの融合」

　分析のまとめとして、「メタメッセージ」の観点から、遊び心での即興劇共演にみられる「ミクロとマクロの融合」のダイナミズムについて考察する。遊びにおける基本的なメタメッセージは、実際の言語表現を超えたコミュニケーションに関する意味であり、進行中の会話が「真面目なものでは

```
┌─ ミクロのコンテクスト ─┐   ┌─ マクロのコンテクスト ──────┐
│   ミクロの個々の       │   │ 人物像に関する社会・文化的要素 │
│     遊びの会話         │   │  ・社会的通念や規範            │
│  話し手A   話し手B     │←─│  ・イメージ                    │
│    ●  ↔  ●           │   │  ・社会的役割                  │
│    ●  ↔  ●           │   │  ・スピーチスタイル            │
│    ●  ↔  ●           │   └────────────────────────────┘
│    ●  ↔  ●           │   ┌────────────────────────────┐
│                        │──→│ 会話参与者に関する要素        │
│                        │   │  ・話し手が対象に対して        │
│                        │   │    もつ考え方や感情            │
│                        │   │  ・話し手の人柄                │
│                        │   │  ・話し手たちの人間関係        │
└────────────────────────┘   └────────────────────────────┘
         資源の利用・メタメッセージの伝達（上矢印）
         還元（下矢印）
```

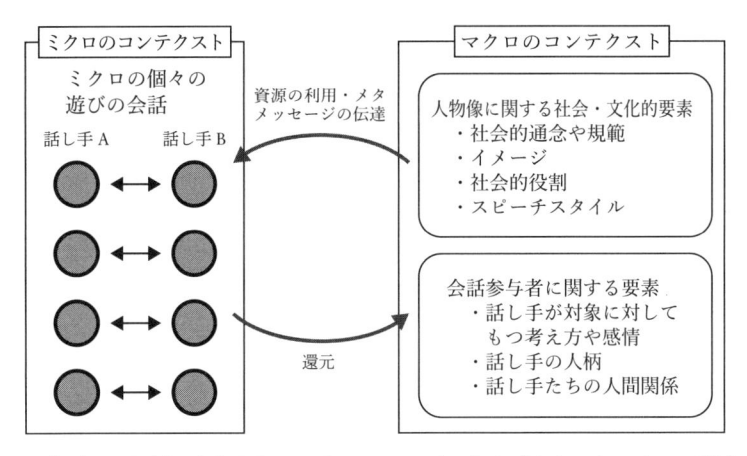

図2　遊びの即興劇で交わされるメタメッセージによる「ミクロとマクロの融合」

なく、遊び心のものなのだ」というフレームに関する意図を伝えるものである。遊びを指標するフレーミングの手段は、ミクロのコンテクストで使用される言語・パラ言語の資源であるが、その認識や生産に当たっては、経験や知識・価値観等から構成されるマクロのコンテクストの資源を必要とする。

　遊びで交わされるメタメッセージは、上記のようにフレームに直接関わるもののほか、図2に示すように、フレームの認識に資するマクロのコンテクストの多様な要素に根差している。遊びで即興劇が展開する場合、演技者間では、演じられる人物像に関する社会的通念やイメージ、社会的役割や関連する人物像との関係、スピーチスタイル等を総括する価値観に関わる諸要素が資源として利用されている。これらは、一定程度に固定化された共通概念ではあるが、時代や状況によって変化するとともに、話し手たちによって共有されない場合もある。遊びにおいては、仄めかされることが多いが、潜在的なこれらのマクロのコンテクストの資源が、スピーチスタイルが仮想的に使用される際に活性化され、ミクロの個々の遊びの会話のコンテクストで伝達・交渉・再確認されるなどして再生産され、個々の会話を取り巻くマクロの環境に還元されていく。

　「遊び」の言語活動では、会話参与者に関する諸要素も、マクロのコンテ

クストに根差すメタメッセージとしてミクロの会話のコンテクストで交わされる。そのようなメタメッセージには、1)話し手が遊びの対象に対してもつ個人的な考え方や感情、2)話し手の人柄、3)話し手たちの人間関係、などが含まれている。

　1)に関し、人物像を演じて「遊び合う」行為では、話し手たちが人物像に関して有している社会・文化的要素についてのメタメッセージが交わされるほか、相手との間において、遊びの対象を茶化したり、ふざけたりしてとらえることに関し、共感・同意を得る必要がある。そうした感情や考え方は、会話のやりとりの中で創発する側面が大きい。もし、進行中の会話において会話参与者間で共有されない場合は、遊びへの積極的な参加は行われないであろう。

　2)の点については、遊びが投げかけられたときの相手の応答においては、ユーモアのセンスを含め、その人の性格や人間性が表れる。即興劇では、次に演じる者は、同一人物像のイメージの増幅、あるいはさらに複雑なメカニズムを有する相補的な人物像の演出など、当意即妙かつ創造力豊かに応答しており、これらによって、その人の人柄および面子が好意的に印象づけられていた。

　3)に関しては、遊びでは、「冗談を言い合える仲」というメタメッセージが相互に伝達される。本稿は、会話参与者たちが親しい友人同志であるケースを扱ったが、相手との関係によっては、遊んでいいものかどうか明確でない場合もあるだろう。遊びには人間関係を試す機能があるが（Norrick 1993）、遊びの度合いや内容等によっては、相手との距離が広がってしまうこともあるかもしれない。また、遊びを通して、①遊びの対象となる第三者に対する自分たちの共感を確認し合って仲間意識を高める場合（4.1）、②演技に伴う二重ヴォイスによって、相手にとってマイナスであることを緩和して伝達することができる、自分のマイナス点を無理なく開示することができ、その結果、相手に好感をもたれる（4.2）、などの効果も観察された。いずれの場合も、「遊びに参加する」行為は、相手のユーモアの理解・評価を前提とし、積極的に関与して自己表出することにより、相手の肯定的面子

を重んじるだけでなく、自らの肯定的面子も伸長される結果をもたらしている。

　こうした個々の会話のミクロのコンテクストと、それを包み込む社会的なマクロのコンテクストの相互作用および循環作用が「ミクロとマクロの融合」であり、この一連の作用のダイナミックなプロセスが、具体的実践と抽象的観念を繋ぎ、社会や文化を維持したり、推進させたりする原動力となっている。本稿では、遊びの即興劇で多様な人物像が共演されるケースをみたが、会話参与者は、スピーチスタイルの響鳴を通じて人物像に関する社会・文化的価値観等を刷新して、マクロの資源に還元していたのである。また、会話参与者たちに関する諸要素も、相互行為の中で交渉・再生産され、話し手たちの社会生活の様々な側面が持続・促進されるというダイナミズムが働いていた。この循環作用が続く限り、社会生活は発展かつ進化し続ける。マクロの現象は観念的な面があるが、個々のミクロの現象の分析やその積み重ねを通して、鮮明化していくことができる。すなわち、社会構造のダイナミズムの縮図として、また、社会生活を発展させる要素として、相互行為というメカニズムが存在しており、この実践を通じて、発話間で響鳴・生成され、関係性に根差した意味が創発されていく。こうしたミクロとマクロのコンテクストの繋がりを考慮することによってはじめて、生活の単なる一要素とみられがちな遊びが、社会生活を創造していく大きな力をもち、人間にとって本質的な行為であることが理解できるのである。

注

1　清水（1996, 2013）は、「場所的存在感情の共有」や「相互誘導合致」などの表現を用いて、同じ場に共存する者同士による共創について説明している。
2　このような遊びの動的な性質は、ホイジンガのいう「自発性」やカイヨワのいう「自由な活動」・「未確定の活動」に相当するものと考えられる。
3　職業などによるスタイルは、一般に「レジスター」と呼ばれる。
4　スピーチスタイルが誇張されるのは、面白さや楽しさを増幅させるためでもある

と考えられる。
5　4つのデータセットの各時間数は、"DRINKS" が 108 分 21 秒、"MOBILE PHONE" が 13 分 33 秒、"BABY" が 112 分 8 秒、"STUDENTS" が 45 分 41 秒となっている。
6　1行に1つのイントネーションユニットを表示するのは、発話産出における音声のひとまとまりは話し手の考えのひとまとまりと一致する、という考えによるものである。
7　"Resonance" の和訳表記については、﨑田(2010)に倣った。
8　原著論文では、"What is parallel in form is likely parallel in meaning." とある。
9　このことに関して、菅原(2010)は主に、自己接触が他者の自己接触を促すという身体的動作の同調について述べている。
10　すべての例において、プライバシー保護のため、人物などの固有名詞は変えている。特殊な文字化方式の記号が示す内容は、以下の通りである。

→	発話の中でセリフに該当するものは、行数の右に→で示す。
-	語句が途切れていることを示す。
:	発話内に現れるとき、音の引き延ばしを示す。
=発話	前の発話の後、間を入れずすぐに次の発話が始まることを示す。
[発話]	同時発話を示す。
[$_2$ 発話]	複数の同時発話が近接して起こるとき、2つ目以降の同時発話の角括弧内に、順番を示す数字を下付きで入れる。
↑	矢印の後の音が高くなっていることを示す。
↓	矢印の後の音が低くなっていることを示す。
発話	下線部が強い声で話されていることを示す。
°発話°	低い声または小さい声で話されていることを示す。
>発話<	早く話されていることを示す。
<発話>	ゆっくり話されていることを示す。
.h	口からの吸気音を示す。
.hn	鼻からの吸気音を示す。
.ht	口を軽く閉じたときの、上下の歯の隙間からの吸気音を示す。
@	1つの笑いにつき、1つのアットマークを記す。
{@ 発話 @}	波括弧とアットマークで囲った箇所が、笑いながら発話されていることを示す。
{☺ 発話 ☺}	波括弧とスマイリーフェイスマークで囲った箇所が、にこやかな明るい声で発話されていることを示す。

11 録音開始時からの秒数を示す。
12 ダイアグラフにおいて、{ }はそこに省略されている言葉があることを示す。
13 ダイアグラフにおいて、イントネーションユニット間に(+)で示された数字は、そこに省略されているイントネーションユニットの数を示す。
14 これらのセリフが引用助詞等を含む表現を伴っていない理由としては、会話参与者たちが演技に没頭していることなどが考えられる。
15 「すっかり羽子板市の最中でした」(8～10行目)において、「すっかり」が「羽子板市の最中でした」を修飾すると考えるのは不自然だが、「すっかり(約束を忘れてしまいました。なぜなら、)羽子板市の(アルバイトの)最中だったからです」と言葉を補って解釈すると理解できる。
16 このやりとりも「仮想世界」における遊びを仄めかしている。先生に叱られたら、学生は普通、言い訳をする前に謝るであろう。
17 このような繰り返し表現は、発話された言葉を肯定的に評価しながら味わう機能(Tannen (2007[1989]))における "savoring")をもっている。
18 日本人は、普通、自分や家族の者などの内的関係にある人物を自慢しない。また、「照れ」の文化を反映して、男女関係の愛情について外の人間にあまり話さない傾向がある。そのため、自慢と思われないように、笑いの種にすることが多いのかもしれない。また、英語の「愛情表現による呼び方」のようなストレートな愛情表現には、憧れがある一方、使用習慣がないため、なじみの薄い外来語の愛情表現を取って付けたように使うことに抵抗がある人も多いだろう。こうした言語・文化にまつわる観念が、リホコのメタ言語的コメント「んんできない」(つまり、夫を「ベイビー」と呼べない)(事例(4)20行目)にみられる。

参考文献

Bakhtin, Mikhail M. (1981[1934]) *The Dialogic Imagination: Four Essays*. Michael Holquist. (ed.), Caryl Emerson and Michael Holquist. (trans.) Austin: University of Texas Press.

Bateson, Gregory. (1972) A Theory of Play and Fantasy. In *Steps to an Ecology of Mind: Collected Essays in Anthropology, Psychiatry, Evolution, and Epistemology*, pp.177–193. San Francisco: Chandler Publishing Company.

カイヨワ・ロジェ　多田道太郎・塚崎幹夫訳 (1990)『遊びと人間』講談社 (Caillois, Roger. (1967) *Les Jeux et les Hommes: Le masque et le vertige*, edition revue et augmentée. Paris: Gallimard.)

Chafe, Wallace. (1993) Prosodic and Functional Units of Language. In Jane A. Edwards and Martin D. Lampert. (eds.) *Talking Data: Transcription and Coding in Discourse Research*,

pp.33–43. Hillsdale: Lawrence Erlbaum.
Chafe, Wallace. (1994) *Discourse, Consciousness, and Time: The Flow and Displacement of Conscious Experience in Speaking and Writing*. Chicago: University of Chicago Press.
Chafe, Wallace. (2007) *The Importance of Not Being Earnest: The Feeling Behind Laughter and Humor*. Amsterdam: John Benjamins.
Du Bois, John W. (2007) The Stance Triangle. In Robert Englebretson. (ed.) *Stancetaking in Discourse: Subjectivity, Evaluation, Interaction*, pp.139–182. Amsterdam: John Benjamins.
Du Bois, John W. (2014) Towards a Dialogic Syntax. *Cognitive Linguistics* 25 (3): pp.359–410.
Du Bois, John W., Stephan Schuetze-Coburn, Susanna Cumming, and Danae Paolino. (1993) Outline of Discourse Transcription. In Jane A. Edwards and Martin D. Lampert. (eds.) *Talking Data: Transcription and Coding in Discourse Research*, pp.45–89. Hillsdale: Lawrence Erlbaum.
Fry, William F. (1963) *Sweet Madness: A Study of Humor*. Palo Alto, CA: Pacific Books.
Goffman, Erving. (1974) *Frame Analysis: An Essay on the Organization of Experience*. New York: Harper and Row.
Goffman, Erving. (1981) *Forms of Talk*. Philadelphia: University of Pennsylvania Press.
Gumperz, John J. (1982) *Discourse Strategies*. Cambridge: Cambridge University Press.
Gumperz, John J. (1992) Contextualization and Understanding. In Alessandro Duranti and Charles Goodwin. (eds.) *Rethinking Context: Language as an Interactive Phenomenon*, pp.229–252. Cambridge: Cambridge University Press.
Gumperz, John J. (1996) The Linguistic and Cultural Relativity of Conversational Inference. In John J. Gumperz and Stephen C. Levinson. (eds.) *Rethinking Linguistic Relativity*, pp.374–406. Cambridge: Cambridge University Press.
ホイジンガ・ヨハン　高橋英夫訳 (1973)『ホモ・ルーデンス』中央公論新社（Huizinga, Johan. (1971) *Homo Ludens*. Boston: Beacon Press.）
Irvine, Judith T. (2001) "Style" as Distinctiveness: The Culture and Ideology of Linguistic Differentiation. In Penelope Eckert and John R. Rickford. (eds.) *Style and Sociolinguistic Variation*, pp.21–43. Cambridge: Cambridge University Press.
梶丸岳 (2013)『山歌の民族誌―歌で詞藻を交わす』京都大学学術出版会
鎌田修 (2000)『日本語の引用』ひつじ書房
金水敏 (2003)『ヴァーチャル日本語―役割語の謎』岩波書店
金水敏編 (2007)『役割語研究の地平』くろしお出版

金水敏編 (2011)『役割語研究の展開』くろしお出版

Norrick, Neal R. (1993) *Conversational Joking: Humor in Everyday Talk*. Bloomington: Indiana University Press.

Oropeza-Escobar, Minerva. (2011) *Represented Discourse, Resonance and Stance in Joking Interaction in Mexican Spanish*. Amsterdam: John Benjamins.

定延利之 (2011)『日本語社会のぞきキャラくり―顔つき・カラダつき・ことばつき』三省堂

﨑田智子 (2010)「第3章 認知と対話・文法」﨑田智子・岡本雅史著『言語運用のダイナミズム―認知語用論のアプローチ』山梨正明編『講座認知言語学のフロンティア 4』pp.87–130. 研究社

渋谷勝己 (2008)「スタイルの使い分けとコミュニケーション」『月刊言語』37 (1): pp.18–25. 大修館書店

清水博 (1996)『生命知としての場の論理―柳生新陰流に見る共創の理』中央公論社

清水博 (2013)『近代文明からの転回』晃洋書房

菅原和孝 (2010)『ことばと身体―「言語の手前」の人類学』講談社

Sully, James. (1902) *An Essay on Laughter: Its Forms, Its Causes, Its Development and Its Value*. London: Longmans, Green.

Takanashi, Hiroko. (2011) Complementary Stylistic Resonance in Japanese Play Framing. *Pragmatics* 21 (2): pp.231–264.

Takanashi, Hiroko. (2014) Multifunctionality of the Japanese Simile Marker *Mitaina*: Its Evolution to an Interactional Modal Particle. 『英米文学研究』49: pp.25–60. 日本女子大学英語英文学会

Tannen, Deborah. (1993) What's in a Frame?: Surface Evidence for Underlying Expectations. In Deborah Tannen. (ed.) *Framing in Discourse*, pp.14–56. New York: Oxford University Press.

Tannen, Deborah. (2007[1989]) *Talking Voices: Repetition, Dialogue, and Imagery in Conversational Discourse*. Cambridge: Cambridge University Press.

Tannen, Deborah and Cynthia Wallat. (1993) Interactive Frames and Knowledge Schemas in Interaction: Examples from a Medical Examination/Interview. In Deborah Tannen. (ed.) *Framing in Discourse*, pp.57–76. New York: Oxford University Press.

Voloshinov, Valentin N. (1973[1929]) *Marxism and the Philosophy of Language*. Cambridge, MA: Harvard University Press.

土着概念をめぐる交渉
― 狩猟採集民グイにおける言語人類学レッスン ―

菅原和孝

1. 言語と身体化—理論的背景とフィールド

1.1 コミュニケーションの力動と分野境界

　自然発話を素材にしてコミュニケーションの力動(ダイナミズム)を究明するという企ては、語用論、言語人類学、会話分析といった異分野に跨がって進行している。だが、これらの分野間の境界は今や消滅しかけている。前二者についていえば、語用論とは日常の相互行為に埋めこまれた言語運用の規則性を明らかにする学問である。それに対して言語人類学とは、多様な文化・社会的な文脈における言語運用の動態を記述することを本領とする。両者に差があるとすれば、語用論が上記の規則性から有限個の規則の体系を導くことを到達目標として設定するのに対して、言語人類学は通文化的な多様性を貫く普遍的な規則があるかどうかという問いをつねにオープンにしているといったことぐらいである。

　10年以上前になるが、海外で開催された学術集会でグイの日常会話について発表して間もなく、ある英文誌で私の研究を「言語人類学」に位置づけて言及した論文と出会った。自分としては関心の中心を身体性に置いてきたつもりだったので、このラベリングが釈然としなかった。最近見取り図を示した「身体化の人類学」と名付けうる研究戦略が、言語を表象の体系として捉える「表象主義」への批判をアジェンダに掲げていることも、言語人類学と一線を画したいという思いの表れである (菅原 2013a)。けれど、言語人類学が表象主義に従属しているという認識自体がもはや古くさいのかもしれな

い。次に紹介するフォリーの『人類学的言語学』はそのことを気づかせてくれるユニークな著作である（Foley 1997）。

1.2　現成と構造的カップリング

　フォリーはヴァレラらの『身体化された心』から直接的な影響を受けている（Varela et al. 1991）。後者によれば、ヒトを含めた動物的実存は、あらかじめ定まった色・形・匂いといった属性を受動的に知覚するわけではない。動物が知覚し行動する出来事と相即して世界が現れ出でる（現成する—英語では enact）のである。言語の体系は有限のいのちをもったヒトの個体を超えて超有機的に実在するようにみえる。だが、ラングが言語共同体の正常な成員すべての脳に分有されているといった幻想を斥けるならば、これらの成員間の絶え間ない相互行為のただなかにおいて言語が現成し続けていると考えねばならない。

　ヴァレラはマトゥラーナと共に生命体の本質をオートポイエーシス・システムとして捉えることを提唱した神経科学者である。オートポイエーシス理論の支柱になるのが構造的カップリングという考え方である。2つの異質なシステムがその構成要素の一部を結合させ互いに影響を及ぼし合うことをカップリングという。カップリングが長期にわたって持続することにより2つのシステム双方の内部構造が変容し続けるならば、これを構造的カップリングという。生きているヒトはつねにその身体を用いて相互行為を続けている。会話するヒトは相互行為システムを介して、言語というコミュニケーション・システムの形式と構造的にカップリングしているのである。

　フォリーは、「現成」と「構造的カップリング」という2つの概念を軸にして個別社会における言語運用の多様な動態を例示した点で、言語人類学に新しい地平を拓いたといってよい。小論が依拠する言語人類学とは、言語を恣意的な表象の体系として捉えるものではなく、フォリーが先鞭をつけたように、言語的な相互行為を身体化という基盤から理解しようとする企てなのである。このような方針に立って、フィールドで言語人類学の探究を進める際に遭遇する多様な論点を、談話の一事例の分析に即して、明らかにしたい。

1.3　グイ・ブッシュマンの社会

　南部アフリカに古くから居住し狩猟採集で生計を立ててきた先住民をブッシュマンと総称する。この人びとはその隣人である牛牧畜民コエコエ（古くはホッテントット呼ばれた）と共にコイサン諸語という言語グループに属する（Barnard 1992）。ブッシュマンの言語は非コエ語とコエ語の二系統に分かれ、私の対象集団であるグイは、近縁なガナと共にコエ語系統に属し、ボツワナ中央部の中央カラハリ動物保護区の中で狩猟採集生活を営んでいた（田中 1990/1971, Silberbauer 1981）。ボツワナは 1965 年に独立したが、その 10 年後には「遠隔地開発計画」という政策が始まった。1979 年からはこの計画は動物保護区内に住んでいたグイとガナにも適用され、保護区中央の西の境界に近いカデに定住村が作られた（田中 1994）。さらに、1986 年には野生生物の保護を理由に保護区内の住民すべてを外に移住させる「再定住計画」が閣議決定された。この計画は国際的な批判を浴びながらも 1997 年に強行され、保護区内の全住民がその外側に作られた 3 箇所の再定住村に移住することを余儀なくされた。カデの住民はすべて西に 70km 離れたコエンシャケネ（ニュー・カデ）に移り住んだ。人びとはもっぱら政府が配給する救荒食糧に依存し、道路工事や建設工事への雇い上げを通じて現金経済への依存を強めている（丸山 2010）。

　かつての遊動生活において人びとは頻繁に離合集散し、成員の一定しない居住集団をつくって暮らした。狩猟採集民研究ではこの集団をキャンプと呼ぶ。グイとガナはしばしば同一キャンプに混住し通婚も珍しくなかったが、両者の言語境界は厳密に維持されている。原則としては、子どもは母親の言語を獲得するとされる。ガナのほうがバントゥ系農牧民カラハリ族（テベ ǂébè）との接触が濃密で、ヤギ飼養や農耕を行う人が多かったので、上位集団とみなされる傾向がある。

2. 談話分析と背景知

2.1 異文化における会話の分析

会話分析とは、現象学的社会学を源流としてアメリカで創始されたエスノメソドロジーから派生した学問分野である。それを異文化の言語コミュニケーションにはじめて応用したのは、タイの農村をフィールドにしたマイケル・モアマンであった (Moerman 1988)。私は1982年からカデにおいてグイの対面相互行為の分析を開始し (菅原 1993)、1987年、1989年、1992年の三次にわたって日常会話の収録と分析を行った (菅原 1998a, b)。さらに、1994年からはカデとコエンシャケネの双方で、おもに年長者を対象にして生活史の語りを収録し続けてきた。この語りの収録は「人工的インタビュー状況」と自ら名づけたセッティングで行われる。それは語り手・調査助手・私自身の三者で構成される会話にほかならない (菅原 2013b)。語りとは、この三者のあいだの交渉や駆け引きを通じて「今ここ」の場に現成する身体化された言語である。それゆえ、語りを分析することと、自然発生的な日常会話を分析することとのあいだに原理的な違いはない。このことを踏まえたうえで、私自身が続けてきた語りの分析に談話分析という用語を充てたい。

分析手続きをやや詳しく紹介する。語りの収録を始めて間もなく、調査助手 (男) にインタビューの主導権を譲ることにした。語ってもらいたいトピックの概略だけを彼にあらかじめ告げ、あとは彼と語り手とのあいだで気ままなやりとりが展開するに任せる。ビデオカメラを三脚に据えて撮影するのと並行して、私は指向性マイクロフォンを手に持ち語り手の口もとに向けている。この音声は両面90分のカセットテープレコーダーに録音される。フィールドでの日課として、昼食後にこの音声データを SONY IC REPEAT という機器を用いて転写する作業を行う。午前中に2、3人の調査助手と共にテーブルを囲み、音声データを再生し、私が理解できない箇所で停止し説明を求める。助手たちの教示に基づいて転写テキストに朱を入れると同時に、語句の釈義や背景をなす文脈の詳細をノートに記入する。これに基づいて現地で和訳を完成させる。ビデオに収録したデータは帰国後コンピューターに保存

する。身ぶりの分析は会話分析ソフト ELAN を用いて行った。

2.2 言語学者との協同研究
2.2.1 音韻と正書法

　人類学者に言語学の素養がない場合には、何らかの形で言語学者と連携しなければ、正確な言語記載は困難である。この点において私は僥倖に恵まれた。科学研究費による海外学術調査の代表者を務めた 1992 年に、音声学のエキスパートである中川裕と意味論・文法論を専門とする大野仁美に調査チームに加わってもらったのである。中川と大野はグイの生活世界の全体に魅了され、現在に至るまでほぼ毎年カラハリに通い続けている。私の会話分析・談話分析は、この 2 人の同僚の研究に多くを負っている。中川はフィールドワーク開始から 4 年後にグイ語の正書法を確立したが（Nakagawa 1996）、その後、音韻論的により厳密な改訂版を発表した（中川 2004）。私はフィールドでの転写には慣れ親しんだ旧版の正書法を用いているが、本稿ではおおむね改訂表記に従う。

　コイサン諸語はクリック吸入音を使用する点に際立った特徴がある。グイ語の場合には、/ | /：歯音、/ ! /：歯茎音、/ ǂ /：硬口蓋音、/ ‖ /：側音、という 4 種のクリックが使われる。また 13 種類の伴奏的特徴がこのそれぞれに結合するので、合計 52 種類のクリック子音が産出される。伴奏的特徴は以下の通りである。/ g /：軟口蓋有声音、/ 無表記 /：軟口蓋無声音、/ ʰ /：軟口蓋有気音、/ h /：有気鼻音／無声鼻音、/ ŋ /：鼻音、/ ʔ /：声門閉鎖音、/ ' /：軟口蓋放出音、/ q' /：口蓋垂放出音、/ qχ' /：口蓋垂破擦放出音、/ χ /：口蓋垂摩擦音、/ qʰ /：口蓋垂有気音、/ q /：口蓋垂無声音、/ ɢ /：口蓋垂有声音。母音は口母音として / a, i, u, e, o / の 5 種が、鼻母音として / ã, ĩ, ũ / の 3 種がある。口母音の緊張音として [a̰, ṵ] がある。

2.2.2 人称代名詞・間投詞・統辞

　グイ語の人称代名詞は一人称単数が性を弁別しないことを除くと、話者の包含／排除、聞き手の包含／排除、数（単数、双数、複数）、性の四次元の弁

別素性に関して完備パラダイムを構成する。三人称代名詞の語尾は接尾辞として性と数を表示する (中川 1993)。訳語としては一人称の性別は「おれ(たち)／私(たち)」で区別する。三人称の性別は男性／女性／通性を「彼(ら)／彼女(ら)／かれら」で区別する。二人称は、文脈に応じて「おまえ」と「あんた」を使い分ける。性と数に関する他の情報は訳語の右側に英字の略号を添える。m：男、f：女、c：通性、dl：双数、pl：複数、inc：一人称双数・複数の包合形。

談話の表情を読者に伝えるために、間投詞を原語の発音に近似させてカタカナ表記する。「エ〜エ」、「ン〜ン」は否定を表わす間投詞で、[ə̃ʔə̃] と独特な韻律で発する。「アイ」、「アイー」、「アエー」、「エヘー」、「エッヘー」などは肯定を表わす間投詞で、この順に肯定が強くなる感じがする。グイ語は多様な語順を許容するが、基本的な統辞構造は日本語とよく似た主語＋目的語＋述語の形をとる。本稿で記載する談話の邦訳はこの語順に従った逐語訳である。ただし時制と相を表す標識は主語のすぐあとに置かれ、否定を表す形態素の一部は文頭に置かれるので、その点では日本語の語順と不整合をきたす。

2.3　談話理解の前提となる背景知

言語人類学に固有な困難は、読者の母語社会(あるいは英語文化圏)から遠く離れた社会を対象にするので、その社会では自明な知識や概念を理解できないと、転写の逐語訳を読んでも意味がわからないということである。グイ語のように記載途上の言語の場合には、調査者は新しく採取した単語の語義の確定と、談話分析とを並行して行わねばならないので、困難はいや増す。翻訳の不確定性という難問がもちあがるような難解な土着概念は次節に譲り、ここでは、後述する事例を理解する前提となる百科全書的な知識を羅列する (菅原 2015)。本文および各事例の初出箇所において、重要な概念を表す語をゴシック体で示す。

①伝統的な狩猟採集生活では、全摂取カロリーの約 80%がおもに女によって採集される植物性食物から得られていた (Tanaka 1980)。食物として利用

される植物は約 100 種が記載されているが（今村 1992）、そのうち 10 種ほどが主要食物である。なかでも重要なのが雨季に稔るスイカとメロンである。果皮に短い棘をもつ**カン** qâā というメロンの果肉には弱い毒性があり腹痛を引きおこすが、この毒は加熱すると分解される。

②狩猟は男だけが行うが、とくに重要なのは大型の偶蹄類を狙う毒矢を用いた弓矢猟であった。グイの動物認識の基本的な軸をなすのは、〈食うもの〉（コーホ qχ'óō-xó）、〈咬むもの〉（**パーホ** paa-xó）、〈役立たず〉（ゴンワハ goō-wà-há）と呼ばれる 3 つの機能的カテゴリーである。コーホの典型はキリン・大型羚羊類 5 種・中型羚羊 1 種である。パーホのプロトタイプは、**ライオン** χám とヒョウ、毒蛇、毒虫（サソリ、毒グモ、ムカデ）であるが、ヘビのなかでも、体長 5m に達することさえあるブラック・マンバは攻撃性が強く、その神経毒は致命的で人間が咬まれると 5 分で絶命するという（南部アフリカのヘビ類図鑑による）。

③**呪詛** |χoi とは相手に不吉な言葉を投げかけることである。典型的には、原野に出かけようとする人に対して「ライオンがおまえを襲うぞ」「マンバがおまえを打つぞ」などと叫ぶ。私は、今までに人間がライオンに殺された事件を 3 例収録したが、そのうち 2 例の原因は女の呪詛であったとされる。事件の詳細は次節で事例分析と関連づけて記述する。

④グイには肉食について複雑な禁忌と忌避がある。ある種の肉はある個人にとって**食うと病むもの**（ナーホ ŋ!āā-χó）とみなされる。一般的に、**ドネ** g|ónē は名詞では「重病のもと」を、動詞では「重病を引きおこす」ことを意味する。**ショモ** sumo と呼ばれる 5 種の動物（センザンコウ、2 種の鳥、2 種の陸ガメ）の肉は老人と幼児以外は食うことを禁じられている。高齢者を除いて女は食肉類の肉を忌避する傾向が強いが、男にはどの動物種を忌避するかについて複雑な個体変異が見られる。広範なインタビュー調査によれば、**ワイルドキャット**（コル !qórù）を食うと答えた男は 80％近くにのぼるが、女は 12％以下である。

⑤グイの象徴的世界の中核にあるのは、**ツィー** |íi という概念である。名詞は「治療ダンス」「儀礼」を意味し、動詞としては「妖術をかける」「神秘

の力を揮う」などと訳せる。

　⑥娘の初潮儀礼は**エランド儀礼** ǂúù-|íí-sà と呼ばれる。羚羊類のなかで最大のエランドの肉は脂肪分に富み美味なので、この動物はブッシュマン文化において豊穣と多産のシンボルとみなされてきた。初潮を迎えた娘は1ヶ月ほど小屋の中に籠もり、年長の女たちがその周囲で尻を丸出しにしてエランド・ダンスを踊ったり、採集活動を演習させたりする。また、儀礼期間中には前述のカン（棘のあるメロン）を食べることの禁止が娘に課せられる。他の女がそれを食べていることを**羨む**（ヌオ ŋ|uo）娘が年長の女たちの目を盗んでこっそり食べると、重篤な下痢に襲われる。この「羨む」とは欲望の対象が「手に入らないことが**口惜しい**」ことである。それゆえ、性的な嫉妬や、かなえられない欲望を表現する文脈でも使われる。

　⑦グイは類別的な親族名称体系をもつ（Ōno 1996）。平行イトコは交叉イトコと区別されキョウダイと同一視される。キョウダイを表すウオ ʔuo という語は、「親族」一般に拡張されても用いられる。「あんた m」tsí の親族を「**あんたの別の人**」tsá-kà |ʔú khóè-bì と表現することがある。ブッシュマン研究では、日常の対人的態度を律しているのは親族関係と深く結びついた冗談／忌避関係であると考えられてきた（Marshall 1976, Silberbauer 1981）。ジェンダーと深く結びついた身体イディオムが、すわり姿勢である。とくに「女ずわり」と呼ばれるのが、片膝立てである。もう一方の脚の膝は折り曲げ、腿をあぐらのように大きく横に開く。すると広げたほうの脚の足裏が陰部をぴったり覆う形になる（菅原 1993, 2004a）。この所作を「畳む」（**タム** ǂam）、「行儀よくすわる」（**ヘバ** ǂhèbā）などと表現する。

3. 土着の概念への接近―キマをめぐって

3.1 異質な因果論

　一般論として、人類学の構成的な定義は異文化に魅惑されることである。魅惑の核となるのは、母国で自明視される世界認識と照らし合わせたときに浮かびあがる現地の思想の異質さである。異質さが端的に現れる思考の形式

を、因果論と総称することができる。「罠紐は雨に濡れると撥ねあがらない」といった、知覚に基づいた直接経験によって確かめられる因果性については、文化の差異を超えてグイと私たちは共通の認識をもつことができるだろう。因果論の異質さは、知覚しえないプロセス(すなわち不可視の作用)をめぐる概念において、もっとも際立つ。前節で紹介したツィーや呪詛は、こうした概念の典型である。別稿では、「邪術」、「死のお告げ」、異なる身体間を流れる「感づき／予感」、冷遇された人の「恨みから発する病」といった概念を明らかにした(菅原 2006, 2012)。だが、現在に至るまで、適切な訳語さえ思いつかない概念がある。それがキマ cìmā である。

3.2　キマとは何か？
3.2.1　調査助手たちの釈義

1994 年に収録した語りにおいて初めてキマという語に出会ったが、翻訳を確定できないままに歳月が過ぎた。2 度目にこの語が出現したのは、2006 年に年長男性 Q の語りを収録しているときであった。別稿で詳述した調査助手たちの見解を要約する(菅原 2012)。まず、彼らは、キマは呪詛と同義だと主張した。男が人を呪詛しても「役立たず」であり、何の効力も発揮しない。女の言葉だけが現実の事柄を引き起こす力をもつ。この力は、〈取り替える〉(tsentsa—外来語、change の訛りか) という女の属性に由来する。つまり女は平常のフェーズと月経の時期とを交替させるのである。2.3 の⑤で指摘したように、「儀礼」「神秘の力を揮う」などと訳すことのできる語ツィー (|fi) は、また「生理である」ことをも意味する。キマと呪詛が同じである、という見解に私は納得せずに食いさがった結果、次のような見解が得られた。キマは、女の月経周期の繰り返しを通じて男の体内 (とくに肝臓) に蓄積され、男に対するライオンやヘビの攻撃となって発現する。だが、呪詛が致命的な結果を生むのに対して、キマによるパーホ (咬むもの) の攻撃は危ういところで逸れる。

だが、キマと食物禁忌との関わりを問いただすと、別種の話がころがりだした。青年が禁を侵してショモを食うと「発狂する」(ズワズワ zùwāzùwà)

というのである。2人の調査助手(その一方はガナ)がかけ合いで語った逸話によれば、ある少年が父の止めるのも聞かずにショモの代表であるアフリカオオノガン(デウ g‡eu)の肉を食った。翌日、彼はこの鳥の鳴き声を発しながら走りまわり、両腕を翼のように広げてばたつかせたり、まっすぐ伸ばしてこの鳥が滑空するポーズをとったりした。

　以上をまとめれば、キマへの言及は2つの系に区別される。第一の系では、キマは女が男を害する力に関連している。この力は、「月経をもつ」という女の属性と結びついており、パーホ(咬むもの)が男を襲うという形で現実化する。この特徴は呪詛にもあてはまるが、呪詛が女の単発的な言語行為によって即効的かつ致命的な結果をもたらすのに対して、キマの効果は長い時間をかけて蓄積し、男はパーホに脅かされはするが、間一髪で助かる。第一の系だけに注目するならば、キマとは「女が男に対して揮う魔力」と訳すことができる。だが、第二の系は、この釈義からはずれる外延を含む。キマは、ナーホ(食うと病むもの)、とくにショモ(年長者と幼児のための肉)のタブーと関連している。禁忌を破った者(この場合は男)が狂気に襲われ、禁じられている動物に取り憑かれることのなかにこそ「キマがある」。第一の系と第二の系を知解可能な形で共約する日本語の概念を、私は思いつかないので、キマという概念の内包を決定することに失敗したことになる。

　注意すべきことは、第一の系がグイにおけるジェンダーの政治学と密接に結びついていることだ。この社会に潜在する男性中心的イデオロギーを補償するかのように、男たちは、月経に代表される女に固有な属性に対して恐れを抱いている。この偏向を是正するためには、女たちに対して「キマとは何か?」と問いかけ、彼女たちが明かす見解を分析する必要がある。これが、2012年の時点で、私が到達した結論であった。

3.2.2　言語学者の釈義

　編集途上の『グイ語－英語辞典』の草稿で中川はキマに次のような説明を与えている。

cìmā　［名詞］　パーホが人を襲う原因。女が「食うと病むもの」（ŋ!áā-χó）の禁制をやぶったこと。例として、タブー食物を食べる、タブー語を言う、等。> cìmā-cìmà（パーホが）怒る（怒らせる、の意味もある）。例文：χám̀ bì cìmā-cìmà-ná-há「ライオンが怒っている」ʔésì kà qχʼúī sì cìmā-χà.「彼女のことばにはキマがある（動物が怒る原因がある）」。ガナ語では tàmā。［注記］なお、この女性の ŋ!áā-χó については、タブー食品だけではなく、社会言語学的に調査価値のある、初潮儀礼の籠もり期間における、一連の動物や潜在的に危険な道具の名称を直接言うことを避ける、というタブー（そして他の表現で言い換えるという習慣）も関わる。

この説明には明記されていないが、中川は私への私信で、「女のタブー破り」のなかには股を開いて陰部を見せてすわるといった不作法なふるまいも含まれることを示唆した。以上が、次節で分析する談話の背景に横たわっていた文脈である。

4. 談話分析に現れるキマ

4.1 参与者の来歴と社会関係

2013年8月、私は3年ぶりにフィールドを訪れた。調査助手タブーカに「語りの巧みな年長の女はだれだろう？」と相談したところ、即座にツェネの名を挙げた。そこで、私は、タブーカと、もう1人の調査助手カーカを伴ってツェネのキャンプを訪れた。まず、かれらの来歴と社会関係を略述しよう。

1982年に第1回目の調査を始めて間もなく、私はまだ17歳ぐらいであった青年タブーカと出会った。カーカは推定年齢13歳の少年だった。1987年からはタブーカを雇い、会話分析の師と仰いだ。私とタブーカが非常に緊密な関係を築いたので、周囲の人びとから、私はタブーカの父ヌエクュエの息子だ、と呼ばれるようになった。このヌエクュエの妻が、私たちのキャンプでもっとも優れた弓矢猟の達人ツートマの「姉」にあたる女である。

カーカはツートマの長男なので、類別的にはタブーカにとっては交叉イトコ（ドワオ g‡ðã?ò）の間柄になる。やがて私は、カーカが卓越した言語能力をもっていることに気づき、1994 年からは彼を 3 人目の調査助手として雇った。1989 年にタブーカはツェネの娘テイラと結婚した。テイラは 1992 年に男児を出産したが、1994 年に結核のため急死した。それ以来、タブーカは男やもめを続けたままである。

次に、ツェネの生活史の概略を紹介する。初潮儀礼を終えて間もなく、兄弟関係にある 2 人の男が彼女を見そめた。ツェネは弟のほうが好きだったが、結局、兄のほうと結婚し、一男二女を授かった。テイラはその末娘である。夫の死後、カラハリ農牧民の血をひく男の求愛を受けて再婚し、二男二女をもうけた。インタビュー時には 70 歳を越えていたと推測される。頭脳明晰な愛らしい老婦人で、私はその弁舌の巧みさに舌を巻いた。

4.2 キマと呪詛

以下の談話の事例は、ツェネへのインタビューが中盤を過ぎてからのシークエンスである。とくに注意すべきことは、3.2.1 で概略を紹介した 2006 年の Q へのインタビューに参与したのは別の 2 人の調査助手で、タブーカとカーカは同席していなかったということである。つまり彼らは、私が「キマと呪詛は同じだ」という見解に不審の念を表明したプロセスを直接には経験しなかった。このことが、以下の談話での私と彼らとの交渉がすれ違いに終わったことの遠因であろう。参与者の名前の略号は、T：ツェネ、B：タブーカ、K：カーカ、S：菅原である。書式は会話分析の標準フォーマットに従っている。だれかの発言の直接話法による再現は引用符「　」で括る。

【談話断章 1】「呪詛がよくキマなのよ」（2013 年 8 月 20 日収録）
1　(1.5)
2　S　すると、この話はおそらく難しい。あんた f は**キマ**を知っているか？
3　T　エ～？
4　S　キマというやつ

5	T	キマね
6	K	アエ、あんた f はそれを知っている
7	S	キマをおれはよく知らない
8	K	彼にキマを教えよ。キマは昔どんなふうに =
9	S	= できたか =
10	K	= 進んだか。キマと言うやつ
11	T	私たち c はよくキマと言う。女の人のようだ。ほら、夫に彼女は言う(0.5)→
12		アエ、アエ、かれら c/dl は口論する。彼女は言う、「あんた m は明日襲われる→
13		だろうよ。あんたは嘘つきだ。あんたは明日襲われるだろうよ。アエ、あんたは→
14		明日あんたが見つける物を見つける。あるいは、**あんたの別の人**が明日→
15		あんたを刺し殺すだろう。」その通りに、彼女 - 妻が話すことがキマをつくる。その→
16		通りに、彼は翌日うわの空で歩いていて、たぶん**パーホ**が、うわっ、と彼を脅かす
17	B	あの**ライオン** m 自身が
18	T	ライオン m 自身が彼を脅かす。たぶん**マンバ** m が彼を脅かす
19	B	エヘーイ
20	T	キマなのさ
21	S	けれど、ンー[(……)] マンバは彼を殺さない
22	T	[キマ]
23	T	で、たぶん彼を[殺さない。]ただ [彼を脅かす]、あのように
24	K	[で、ただ]　　　[脅かす　]
25	T	この妻が前日あのように言ったことのせいで
26	S	キマ
27	T	キマ
28	S	けれど、アエ、それじゃ妻が夫を**呪詛する** =
29	T	= エヘーイ
30	S	呪詛とどんなふうに異なるのか、キマは？
31		(0.8)
32	S	呪詛
33	T	呪詛自身がね、それはよくキマなのよ、呪詛は。それは行ってキマをつくる
34	K	[女が新しく**エランド儀礼**から出る　　]
35	T	[あのパーホのエランド儀礼から出る]
36	K	キマ
37	T	キマ自体ができる。あんたは行き脅かされる。物があんたを殺す。あるいは木が→
38		それ自体がキマであんたを刺す。エヘー

39	K	痛い
40	T	キマが苦痛をあんたに起こす。別の物もあんたを脅かす
41	B	ライオン m があんたを捕らえる。やつは昔よく男の人をただ襲った
42	K	ン—
43	B	つまりキマ自体で。エヘー、すると某(なにがし)を襲う。エー。誰だっけ？ ゴイクアを
44	T	エー
45	B	エー、このテウクエ自身のキマ自体だ
46	T	ン〜、テウクエじゃないよ、テウクエじゃ
47	B	テウクエ？
48	T	エーイ、ツートゥマの姉 - 姉をカマギは、めとっていた。で、ギオキュエの→
49		この女の母をめとっていた。

《次の断章に至るまでの 7 分 35 秒間を略》

　2.3 で列挙した背景知を参照すればこの談話の意味内容はほとんど理解できるはずだ。とくに説明を要する点だけを補足する。21 行目での私の発言は、2012 年までの分析から得た、キマの作用でライオンやマンバに襲われた男は間一髪で命拾いするという見解を参照している。ツェネは 23 行目でこの見解に同意し、カーカは 24 行目で短いオーバーラップとユニゾンによってツェネへの賛意を表明している。さらに、30 行目で、私は、呪詛とキマはどのように異なるのかという積年の疑問をツェネにぶつける。33 行目のツェネの答えから推測するに、呪詛が他者(往々にして男性)を害する具体的な言語行為をさすのに対して、キマはそれによってつくられる何らかの不可視の実体であるようだ。そうだとすると、呪詛は致命的だがキマはそうではない、という前述の見解とは齟齬をきたしてしまうのだが。

　34 〜 35 行目で、カーカとツェネがオーバーラップしながらエランド儀礼に言及したのは興味ぶかい。エランド儀礼は男を厳しく排除する行事である。女たちが、初潮を迎えた少女の籠もる小屋の周りで臀部をむきだしにして踊るとき、男性居住者たちは外出していることが期待される。キャンプに残って手仕事にいそしむ必要のある場合は初潮小屋から離れた場所に背を向けてすわる。すなわち、エランド儀礼とは女たちの魔力が最大限凝集される、男たちにとってもっとも危険な帯域であると考えられる。だからこそ、

この儀礼から出たばかりの女から発するキマはもっとも強力なのである。この考え方は性別を越えてカーカとツェネに共有されている。ツェネは、エランド儀礼そのものが男にとってはパーホ(咬むもの、つまり猛獣)だと明言している。さらに、37行目で、彼女は、猛獣や毒蛇に襲われることから木の棘が突き刺さることにまでキマの効力を拡大している。

　41行目でタブーカはキマによるライオンの襲撃に焦点を絞ろうとする。これは長く私の調査助手を務めてきた彼ならではの戦略であった。1994年に年長者の語りの収録を始めて間もなく、私は、彼の父ヌエクキュエの父親(つまりタブーカの父方の祖父)が、タブーカの誕生以前に雌ライオンに殺されたという逸話をヌエクキュエ自身から聞いた。その後、1998年と2006年に前述のQから、雄ライオンによる別の人殺しの事例を2例聞き出した。これらの惨事にまつわる語りを分析することに私が熱中していたことを、作業をすべて手伝ったタブーカはよく憶えている。だからこそ、スガワラが大好きな「人喰いライオン」の話へと軌道修正しようとしたのである。だが、今回ばかりは、彼のこの戦略は迷惑きわまりないものだった。私のもくろみは、キマに関わる女の見解を聞きだすことによって、キマと呪詛との差異を明確にすることであったのに、話はまたもや呪詛へと流れてしまったからである。48行目以降のツェネの長い語りを省略したのは、その内容が出版済みの複数の論文と大きく重なるためである。Qの語りを底本として、2つの事件を要約する。

【逸話1】第三夫人をライオンに殺された愚か者の話(1998年収録)
　カマギは妻を3人もっていた。年齢順に第一夫人ツェイガエ、第二夫人テウクエ、第三夫人トンテベである。男3人で猟に行き、ダチョウの巣に3つの卵があるのを見つけ、1つずつ分けあった。ツェイガエは卵が1つしかないのでふてくされ、他の2人の僚妻(co-wifeの邦訳)がそれを調理しても食べようとしなかった。カマギは激怒し、彼女の容貌の醜さを口をきわめて罵った。ツェイガエは静かに言った、「あんたが可愛がっているその娘は襲われるわよ。」カマギはいきり立ち、「呪詛なんて効くものか」と嘲った。間

もなく雨の降る暗い夜に雄ライオンがキャンプに侵入し、トンテベの小屋の口から中を覗きこんだ。彼女は戸口に背を向けてスイカ粥を杵で搗いていた。カマギは妻の腿に脛を絡ませて横たわり、口に咥えた肉をナイフで切って食っていた。愚かにも、彼は覗きこんだライオンを犬と見間違え、叫び声ひとつあげなかった。ライオンはいったん顔をひっこめ、小屋のまわりを一周してから、やおら中に跳びこんでトンテベの肩に咬みついた。愚かにも、カマギは助けの声ひとつあげず、妻からライオンを引きはがそうとして小屋の中でじたばたした。自分の小屋でくつろいでいたQは物音に気づき不審に思った。ライオンがトンテベを小屋から引きずり出したときになって、やっとカマギは絶叫し、人びとが駆けつけた。Qは毒矢をつがえてライオンを狙ったが、トンテベに当たりそうで射ることができなかった。ライオンは犠牲者を放して闇の中に姿を消した。恐れおののいた人びとは翌朝そのキャンプを捨てて移住した。重症を負った妻をカマギが背負って歩いた。移住先のキャンプで人びとは彼女を介抱したが、やがて息をひきとった（菅原2002）。

【逸話2】ライオンに毒矢を打ちこんだ男の話

　カマギは第一夫人ツェイガエとのあいだに娘ギオキュエをもうけていた。ゴイクアはギオキュエを妻にしたので、ツェイガエは彼の義母になった。しかし、ゴイクアはツェイガエに充分に肉を分け与えなかったので、ツェイガエは恨み、彼を呪詛した。彼はトウガマという男と猟に行き、エランドに毒矢を射当てた。他の男たちの協力をあおぐことを厭がり、翌朝、トウガマと2人だけで獲物を追跡した。途中でライオンの足跡を発見しトウガマは怯え「引き返そう」と言ったが、ゴイクアは聞かなかった。エランドに追いついて仕留め、解体を済ませたときには夕暮れになっていたので、焚き火を熾して野営した。トウガマはライオンのことが心配でたまらずすわったままだったが、ゴイクアは仰向けになっていた。熟睡しているゴイクアをライオンが襲った。トウガマが槍で応戦すると、ライオンは彼の首の後ろを爪で切り裂いた。かろうじて撃退し、右腕を骨折したゴイクアを支えながら逃げた。ト

ウガマは高い木に登ることを主張したが、ゴイクアは「片腕だけでは登れない」と拒んだ。昔のキャンプに辿り着き、廃屋に火をつけてまわり、一軒の小屋に跳びこみ、焚き火を熾しかけていると、ライオンが跳びこんできた。ぐったり横たわっていたゴイクアの脛に咬みつき肉を剥がした。トウガマは狩猟袋の中に小斧を持っていたので、それでライオンの眉間をくりかえし打ったが、やつはひるまない。矢筒から毒矢を取り出し、やつの鬣(たてがみ)をかき分け、その腋の下に矢を小斧で叩いて打ちこんだ。すぐに毒が体内に広がり、やつは苦しがって小屋の外に跳び出し、すぐ近くで倒れた。家が燃える光のなかで、ライオンとゴイクアは苦悶の叫びをあげ続けたが、空が白み始める頃、彼ら m/dl は両方とも息絶え黙りこくった。首の後ろを負傷したトウガマは前を向くことができず、横目づかいで歩き、首をねじ曲げたままキャンプに辿り着いた (菅原 2012)。

【逸話1】に照らすなら、45行目のテウクエという名前はタブーカの思い違いであったことがわかる。呪詛の発し手は第二夫人テウクエではなく第一夫人ツェイガエであった。ツェネはそれに気づき46行目で訂正しているが、タブーカは47行目でもまだ「テウクエ」と繰り返している。転写を省略した49行目以降でのツェネの語りによれば、トンテベを襲った雄ライオンはすぐにゴイクアの後をつけた。同じ雄ライオンが両方の事件を引きおこしたという見解は底本の語り手Qも共有しているようだが、私はこの見解を信用していない。ゴイクアへの言及のあとで、またトンテベの死に戻ってツェネなりの異伝を語る。【逸話1】と異なる細部は以下のとおりである。

(イ) カマギはダチョウの巣の周縁部にあった小さな卵を第一・第二夫人にあげ、中央部にあった大きな卵をトンテベにだけ与えた。ツェイガエはそれを知って呪詛した。複数の雌ダチョウが同じ巣に卵を産みつけると、中央の卵のほうが周縁部のそれより大きいという (ダチョウは一夫多妻の生殖集団をつくる。順位が高くて栄養状態の良好な雌がまず巣の真ん中に産卵するので、大きな卵を産めるのかもしれない)。(ロ) カマギが小屋の中でライオンと取っ組み合っていたとき、かれらが食べたダチョウの卵の殻がカラカラ音

を立てたのが聞こえた。(ハ)別の小屋で騒ぎを聞いた人（Qとは明言されない）は考えた。「カマギよ、男の年長者のくせに、なんというふざけ方だ。まさか喧嘩しているんじゃあるまいな？」

ついでツェネは【逸話2】の異伝を語る。異同は以下のとおり。(ニ)ライオンが最初に襲ってきたとき、トウガマは火のついた薪で繰り返し打ちすえ撃退した。(ホ)彼ら m/dl が息絶えたあと、トウガマは木に登って様子を見た。(ヘ)トウガマはキャンプに逃げ帰り、トンテベも雄ライオンに殺されていたことを聞かされた。

上記(イ)(ロ)は、【逸話1】で明言されていた「3つの卵のうち1つしか貰えなかったのでツェイガエはふてくされた」という呪詛のそもそもの動機づけとは不整合をきたす。また、Qによれば、トンテベがライオンに襲われたあと人びとは別のキャンプに移住したのだから、最後の(ヘ)のような事態の展開はありえなかったろう。過去の事件は、それを直接経験した人の語りを発振源として人びとに語り継がれていく過程で、よりわかりやすい因果関係で組織された出来事へと脚色されていくと考えられる。

4.3　食物タブーとの関連

この小節で示す談話断章は、上記(ヘ)に該当するツェネの発話から始まる。それに続くシークエンスを起動したのは、私の誘導尋問である。中川の釈義を念頭においていた私は、なんとか「女が食物タブーを破るとキマが発生する」という見解を導き出そうとしたのである。だが、私のこのもくろみはあえなく潰える。

【談話断章2】「彼女は死ぬほど苦しむ」
1　T　《前略》**ライオン**は死んで横たわり、男の人は死んで横たわっていた。で、翌朝→
2　　　彼は逃げ、やってきたんで、親族の女もまたやつは昨晩殺していた。かれらは→
3　　　言った、「もはや私たちに妹もまたいない、トンテベは。われわれ皆の妹は。→
4　　　人の言葉のせいで。」そのように、そのようにするものなのよ。→
5　　　まさにそれが**キマ**なのよ

土着概念をめぐる交渉　157

6	S	それでは女の人が**食うと病むもの**を食ったらキマができないのか？
7	B	それは**ドネ**だ
8	K	そいつはドネだよ
9	T	そいつはドネ自身よ
10	S	ドネか
11	K	それは昔そうやって［人を重病にさせた］
12	T	［人の重病　　　］
13	S	**ショモ**を食うと
14	T	ショモを食うと、人の中で小腸が痛くなる
15	S	キマをつくらないのか
16	T	で、キマしない
17	B	で、重病にする
18	T	で、重病にする。［人は病む　　　　　］
19	K	［あんたは暮らしていて］病み、で、死にはしないが…
20	B	あんたは［あの**ワイルドキャット**を　　］
21	T	［あれだと、それを知らずに］やつを食う

《中略：29 秒》

40	S	アエ、女の人が禁じる物を食うと。で、彼女の夫が病むのか？
41	B	エ〜エ
42	K	ン〜ン
43	B	彼女自身を =
44	K	= 彼女自身が =
45	B	= 彼女自身がエランド儀礼の中にいる
46	T	エランド儀礼の中にいる
47	B	けれど女親たちは彼女にまだ**カン**を治療していない
48	T	ンー
49	B	彼女は自分だけのように見える
50	T	それらを飲む
51	B	それらは彼女を重病にする
52	T	それらはなんて重病にすることか
53	B	彼女の［小腸どもは痛い］
54	T	［彼女は死ぬほど］苦しむ
55	S	エヘー
56	B	エー、彼女は下痢する。すると(0.3)彼女たちはあのことを見る

```
57  T   で、見ると、で [(……)  ]
58  B              [で、言う]「エ～エ、それじゃ彼女はたぶんカンを盗んだのね」
59  T   羨んで
60  B   羨み、で、「たぶん彼女がいないときに、おまえはカンを飲んだ。そうだから→
61      そんなふうに彼女はなっている」と言って、で、彼女にカンの治療を施す
62  S   ンー
63  B   で、たぶん、まあまあの具合にする
64  K   治る
65  B   彼女は治る
66  S   ンー
67  T   hahaha《笑》
```
《中略：1 分 12 秒》

　すでに知っている「人喰いライオン」の話を延々と聞かされて内心うんざりした私は、6行目で語りを私の狙う路線に転結しなおそうと試みる。だが、この試みは他の3人全員によってあっさりと棄却される。7～9行目で、かれらはまさしく異口同音に、ナーホ（食うと病むもの）を摂取することはドネつまり重病のもとを生むことにほかならない、という同語反復めいた断言を行う。私は、13行目で食物禁忌の代表であるショモ（老人と幼児にのみ許される肉）に焦点を絞りなおして問いを繰り返す。だが、キマとの関連は、14行目、16行目でツェネによって否定される。さらに17～19行目でまたもや3人の参与者が相次いでドネという概念の詳細化に乗りだすのである。21行目から続く中略部分でツェネとタブーカがかけ合いで語ったことの大意は以下のようである。

　――おまえはコル（ワイルドキャット）をそれと知らずに食う。やつはおまえを病ませる。おまえの肝臓に向かう。毎日おまえは痛い。呪医がいれば、彼は剃刀で切って治療して言う。「コルが昨晩人を殺した〔ひどい目に遭わせた、の意〕。その匂いがするぞ。だから、コルの毛はないか？」もし手近にコルの毛皮があれば、呪医は毛を取って、剃刀で患者の下腹部を切る。その毛を薬として傷口に擦りこむと治る。――

　上記の見解は民俗免疫学としてはきわめて興味ぶかい実践のスキーマを含

んでいるので、最近の拙著で詳しく論じた（菅原 2015）。だが、キマとの関連性は希薄になるいっぽうである。そこで私は「女が食物タブーを破ると男がパーホに襲われる」という中川が提示した因果論をこの文脈にねじこもうとする。それが 40 行目の問いである。だが、これもまたタブーカとカーカによってきっぱりと否定される（41～44 行目）。さらに、45 行目から、タブーカは再びエランド儀礼を例に挙げて、初潮を迎えた娘が儀礼継続中に課せられた「カンを食べてはならない」という禁止に従わないとき、どんなにひどい目に遭うか、という話を語りだす。このタブーカの企てにツェネは積極的に協力し、2 人は、53～54 行目のような協調的なオーバーラップもまじえながら、まさにかけ合いで語る。49 行目のタブーカの発話はややわかりにくいが、娘が周囲を見まわし、年長の女たちは出払っているので「どうも自分だけがここに残っている様子だ」と推測しているのである。50～65 行目を貫くロジックは、すでに 2.3 の⑥で素描した背景知に照らせば、一目瞭然であろう。

　注目すべきことは、男が排除されるエランド儀礼の内部で行われる実践について、タブーカがある程度は知っているということだ。男女間の画然とした分離は「公的領域」を支配する建前である。男女は、婚姻や恋人関係といった「家内的領域」において、ジェンダーに閉ざされた秘密をめぐる情報交換をしているはずだ（cf. 清水 1987）。67 行目のツェネの笑いは、自分たちの社会に潜在するこのからくりに向けられているのかもしれない。

　67 行目に続く長い中略部分では、まさに上記の論点が露出している。談話で直接言及されなかった事項はキッコウ〔　〕内に示す。私はまず第一子を妊娠出産する頃の若い女に厳しい食物禁忌が課せられることに言及した。〔なかでも罠猟でもっともよく捕獲されるスティーンボック（ガエン g!áẽ）が禁じられることはこの世代の女の食生活に深甚な影響を及ぼす。〕「若い女がガエンを食うとキマをつくるか？」という私の質問をツェネはあっさり否定した。その女自身が病むのであり、タブー破りが彼女の夫を「疲れさせる」ことはない。男が食物禁忌を破って「疲れる」のは「男たちのエランド儀礼」すなわちホローハ !hórō-xà のときだけである（菅原 2004b）。〔ホローハとは

グイの男たちの秘密の成人儀礼であり、1970年代初頭まで間歇的に行われていた。青少年は通常のキャンプから遠く離れた儀礼用のキャンプに一ヶ月以上滞在させられ、さまざまな試練を受けた。〕タブーカの父ヌエクキュエは少年時代にホローハに参加したとき、禁を侵してガエンの肉をこっそり食ったために、ひどい病気になった。それ以来、彼は自分が罠猟でしょっちゅう捕獲するガエンを彼自身のナーホ（食うと病むもの）にするようになったのである。「ホローハのことをけっして女に語ってはならない。」グイの年長男性たちにホローハの記憶を語ってもらうたびに、私はそう戒められた。けれど、ツェネもまた「男だけの秘密」についてけっこう知っているのである。

4.4 性的なタブーとの関連

八方ふさがりになった私は、ついにもっとも危険な領域に質問の矛先を向けざるをえなかった。それが以下の断章である。

【談話断章 3】「おれたちはただそれを見る」
90　T　そのように彼は (0.2) 男たちのエランド儀礼の中にいた
91　S　エー、ナカガワはそのように話した。女の人は毎日このようにして、で、彼女の→
92　　　膣をうまく隠させる。シー、**タム**？ - なんて言うんだ、こんなふうにすることを？
92'　《Sは片膝立て（女ずわり）を実演し、自分の片足で股ぐらをふさぐ》
93　T　タムよ。**ヘバ**よ
94　S　ヘバーヘバ
95　T　で、タム - シとも言うのよ
96　S　すると女の人がきれいにヘバしないと、**キマ**を［つくると］彼は［話した　］
97　T　　　　　　　　　　　　　　　　　　　　　　　　　　　　　［ア〜！　］
98　B　　　　　　　　　　　　　　　　　　　　　　　　　　　　　　　　　　　［彼は - ］→
99　B　彼は - 彼はうまくわかっていなかった
100　T　hahaha《笑》
101　B　彼はうまくわかっていないよ、アエー。彼女 - 彼女は女の人は［このような様子だ→
102　T　　　　　　　　　　　　　　　　　　　　　　　　　　　　　　　　　　　　［女の人がいて→
103　B　［女の人は　］

104 T　［だれが彼の］ふんどしをほどいてすわるもんかね？
105 B　［彼女はこんなふうにたしかにする。］すると彼女 - 彼女はあの彼女の…
106 T　［だから…ihihihihihihi《笑》　　　　　］
107 T　彼女がエランド自体［にいるとき　　　］
108 B　　　　　　　　　　　［エランド儀礼で］ツィーしているとき、彼女はあのように→
109 B　するもんだ。で、すると、彼女はあのような様子をしているとき、彼女は→
110　　　男たちに物をあげないものだ
111 S　ンー
112 B　アエー。つまり彼女はあれらのことの中にある。その理由で、彼女はおれたち→
113　　　皆 m/pl/inc に物をくれない
114 S　ンー
115 B　すなわち彼女がもしおれたち皆に物をくれておれたち皆がそれらを食べたら→
116　　　おれたち皆の［肝臓は痛む　　　　　］
117 T　　　　　　　　　［食べると、で、痛む］
118 T　で、［おれたち皆は重病になる］
119 B　　　　［その理由で、　　　　　］あの彼女の手からおれたち皆は物を取って→
120　　　食べはしない。彼女はだろう - 彼女がおれたち皆を［治療する　　］と→
121 T　　　　　　　　　　　　　　　　　　　　　　　　　　［あの食べ薬］
122 B　彼女はただおれたち皆の肝臓を［剃刀で切る］彼女たちはだろう
123 T　　　　　　　　　　　　　　　　　［剃刀で切る］
124 T　で…=
125 B　= 別の木がある、サーサ。彼女たちは言う［(……)エー、で、あれらを(…)　］
126 T　　　　　　　　　　　　　　　　　　　　　　［で、切って、で、擦りこむ、某と］→
127 T　共に、タンと共に切る、［(……と共に)］
128 B　　　　　　　　　　　　　［エー　　　］それらと共に、彼女が生理であるとき→
129　　　アエー
130 T　で、彼らの肝臓を切り、［で］食べ薬を彼らに［食べさせる］
131 B　　　　　　　　　　　　　［で］
132 K　　　　　　　　　　　　　　　　　　　　　　　　［食べる　　］
133 B　で、それから彼らは彼女の手の中に［ある物たちを食べる　　　］
134 T　　　　　　　　　　　　　　　　　　［手の中にある、彼らは］たぶん→
135　　　その彼女、その彼女の手の中のを、ただ食べると、で、彼らは重病になる
136 B　重病になる
137 T　たぶん彼らは痩せる

138 B エー、で〔(……)アーン、で、このように…〕
139 T 　　　　　　〔で、すごく痩せる、あの理由で 〕
140 B おまえは行くとたぶんおまえの〔このあたりが〕痛む
141 T 　　　　　　　　　　　　　　〔肝臓が痛む 〕
142 S ンー
143 B エー
144 K エー
145 B そんなわけで、そんなふうなのさ、〔エー
146 K 　　　　　　　　　　　　　　　　〔エー
147 S アエ、それじゃ、女の子が、女の子がじょうずにふさがないで、こんなふうに→
148 　 こんなふうに膣を〔見せると、で、キマを〕つくらないのか
149 T 　　　　　　　　〔ahahahahaha《笑》 〕
150 B キマをつくらないよ
151 K キマをつくらないよ
152 T ahahahahaha::i《笑》
153 B おれたち皆はただそれを見る
154 T ahaha::i《笑》
155 B おれたち皆は目で。けれど黙っている
156 T a::ihihihihi《笑》
157 B で、ただ口惜しくて、で、彼女にそのことを話さない、で、ただ心が良い
158 T ahahahahihihihi《笑》
159 B このものこそ、彼女のは美しい
160 K 〔ahaha::i　〕《笑》
161 T 〔ihihihihihi〕《笑》
162 K アエ、通っておしっこに行くよ
163 B 〔(…………)〕ただ〔あの物 f/dl を　〕それを見る。彼女の陰唇 f/dl がある→
164 T 〔ahahahihi　〕《笑》〔エランドの膣…〕
165 B 所を、彼はそれを見る
166 T eee:::《笑》
167 B で、思う。彼女はそんなふうにすわっているぞ、と思い、ただ彼女には黙って→
168 　 いる。で、黙っている
169 S エヘー？
170 B アイー

《後略》

土着概念をめぐる交渉　163

　2.3 の⑦で示したように、すわり姿勢にジェンダーの差異が刻印されていることは、グイの身体的な関わりに焦点を当てた私の初期の研究から得られた重要な発見である（菅原 1993）。中川からの私信で、女の不作法なふるまいもまた原野のパーホを怒らせるという因果論に強い印象をうけた私は、このインタビューでなんとか類似の見解を引きだそうと苦闘した。だが、結果は見てのとおりである。順に注釈を補いながら追跡していこう。
　私は股ぐらを「ふさぐ」という動詞の記憶が曖昧で、タム ǂam という語を口にのぼらせ、その所作を実演してみせる（91〜92' 行目）。ツェネは即座に理解し、ヘバ ǂhèbā という別の語を教えてくれる（93 行目）。さらに、タムに再帰性を表す派生辞〈-シ〉をつけてタム-シ（自分をふさぐ）と言ってもよい、と言語のレッスンをしてくれる（95 行目）。私はいよいよ中川説を明示する（96 行目）。これに対してツェネとタブーカは即座に同時発話で反応した。ツェネは「呆れかえり」の間投詞をオーバーラップし、一瞬遅れてタブーカは先行話者（つまり私）のターンの文末に発話をかぶせ、自らがターンを奪取し（98 行目）、中川の理解が間違っていると断言する（99 行目）。ツェネはこのタブーカの率直さに賛同するかのように大きく笑う（100 行目）。それに力を得たかのようにタブーカは彼の見解を敷衍し始める（101 行目）。それと複雑にオーバーラップしながら、ツェネはジェンダーを逆転させ「女のいる前で男が自分のふんどしをはずしてすわるようなまねをするだろうか？」という意味の反問をする（102、104 行目）。タブーカのほうは再びエランド儀礼のことをもちだし、興味ぶかい見解を述べる。女たちは男のまなざしを気にする必要のないエランド儀礼の場では、陰部をさらしてすわるというのである（105、108〜109 行目）。そのように身体に力が凝集された状態にある女たちは、けっして手ずから男たちに食物を与えようとはしない（109 行目、112〜113 行目）。男がこのような女たちから直接受け取った物を食べてしまうと彼の肝臓は痛み、重病になる（115〜116 行目）。注目に値するのは、112 行目からタブーカは一人称男性複数の包含形アカエ ʔállàè を使い始めているということだ。「おれたち皆」と訳した代名詞はすべてこれであり、自分とカーカばかりでなく、聞き手のスガワラをも含んでい

る。ツェネはこのタブーカの発話の連続に協調的な同時発話をかぶせる（117〜118 行目）。彼女の協調はとくに、タブーカが用いた男性形代名詞「おれたち皆」をそのまま使っているところに顕著に現れている（118 行目）。さらに、タブーカが、女から貰う食べ物で男が病気になることを防ぐ治療措置について語りだすと（120 行目）、ツェネは新しい項目「食べ薬」‡ʔoõ-tsóò を同時発話によって導入する（121 行目）。エランド儀礼で娘の食物禁忌を解除するときに使われる薬を「食べ薬」と称する。タブーカが治療の方法を詳細化する（122 行目）のに応じて、ツェネは「剃刀で切る」という動詞を見事にユニゾンする。120 行目と 122 行目では、「彼女はだろう」「彼女たちはだろう」という日本語の文法として不完全な訳文が出現するが、これはタブーカが主語（彼女／彼女たち）のあとに近未来を表す時制標識〈ウシ〉を続けたあと文を完結しなかったためである。「食べ薬」にはふつうマメ科の主要食物ナンテ ŋ‡an‡e の豆をすり潰して粉にしたものが用いられるが、タブーカはさらにサーサ saasa という薬木に言及する（125 行目）。ここからツェネ自身も治療を詳細化する発話をオーバーラップさせ、タン ‡an という別の薬木の名を言う（127 行目）。タブーカの補足によれば、エランド儀礼の直後だけでなく、女が生理中のときも、男を治療してから食べ物を渡さねばならない（128 行目）。ツェネはタブーカと複雑に発話を重ね合わせながら、すでに明らかになった論点を繰り返す（130〜141 行目）。このプロセスこそ「かけ合いで語る」という表現にふさわしい。とくに、危険な状態にある女の「手の中にある」食物を男たちが「ただ食べる」（つまり治療を経ずに食べる）と、「彼らは重病になる」というツェネの発話（135 行目）はこの一連のシークエンス全体の要を得た結論である。

　しかし「女が男を病気にする」因果についてこれだけ懇切な説明を受けたあとも、私はまだあきらめなかった。女の性的な不作法がキマをつくるという見解をまたもや蒸し返したのである（147〜148 行目）。その後の展開はとても印象的である。私の質問に対するタブーカとカーカの連続的な応答こそまさに異口同音である。即座にツェネはけたたましい笑い声をあげる。おそらくここからタブーカは調子づいた。かれらにとってあまりにも意表をつく

日本人のキマ解釈を猥談まがいの発話の連続によって笑いのめしたのである。女が股を開いてすわっていて陰部が見えていたら、男はただそれを黙って見るだけである。その女とただちに性交できないこと、つまり欲望の対象が手に入らないことは「口惜しい」（ヌオ）けれど、同時に、欲望をかき立てられること自体は快楽である。157 行目の「心が良い」（カエン・ヤ・タオ !âẽ yá ǂao）とは、「良い - 接辞 - 心〔心臓と同語〕」という構造をもった、「快い」「嬉しい」を意味する慣用句である。膣を表すヌイ ŋǂui という語に女性形双数の接尾辞 -sèrà をつけると陰唇を意味する (163 行目)。だが、164 行目でツェネが「エランドの膣」と同時発話をかぶせているのは不可解である。「エランド儀礼」の言い間違いと思われる。なお 162 行目は文脈とは関連のない偶発的な発話である。単に、カーカはこの場を中座して小用を足しに行っただけである。

　このシークエンスで何よりも衝撃的なのは、ツェネが文字どおり笑いころげていることである。20 年にわたる談話収録をふり返っても、こんなにも楽しげに語り手が笑い続けるさまを私は一度たりとも目にしたことがなかった。このような笑いの意味をどのように了解できるのだろう。最終節でそのことを考察しなおそう。

4.5　相互行為の構造

　この節の最後に、相互行為の構造それ自体に注釈をつけておこう。グイの日常会話の分析から得られたもっとも重要な達成は、頻発し長く持続する同時発話の構造を解明したことであった（菅原 1998b, Sugawara 2012）。そこで私は、参与者が 3 人以上いる特別な場合として「競合的な同時発話」を区別した。参与者を「{A, B}, C」と表記すれば、A と B は C がまだ知らない情報を共有しているのである。人類学者としての C がフィールドで遭遇するもっとも典型的な状況は、彼が現地の人 A と B から民話を聞き出すような場合である。共にその民話を知っている A と B は C にそれを語る権利を譲り合わないので、頻繁な同時発話に頓着することなく語りを続行することになる。

だが、この談話を分析してまず気づいたのは、同時発話が非常に少ないことであった。とくに、上で定式化したような競合的な同時発話はほとんど出現しなかった。それはおそらく「人工的インタビュー」という「状況の定義」のなせるわざであろう。つまり、私が語りを依頼した人物（この場合はツェネ）が主要な話者となるべきことは最初から自明であり、調査助手たちは補助的な役割に徹するという作業合意があらかじめできあがっていた。この談話で出現した数少ない同時発話は、競合とは逆に、調査助手と語り手のあいだの打てば響くような協調の姿勢に貫かれていた。こうした協調は、同一の発話文の復唱やユニゾン、あるいは先行ターン終了とほぼ同時に自己のターンを開始するといった発話行動となって現れたばかりではなく、ときとして、共有されている知識を「かけ合いで語る」という特異な相互行為の構造を生成したのである。

5. コミュニケーションのダイナミズム—討論と結論

5.1 言語人類学レッスンから学んだこと

小論に「言語人類学レッスン」という副題をつけたのは、「身体化の人類学」がフォリーの推奨するような新しいタイプの言語人類学と融合するのだとしたら、そうした探究の特徴はどのようなものかを読者に示すためであった。

言語人類学が人類学の一分野であるかぎり、言語コミュニケーションの動態を分析することは、つねに人びとの具体的な社会関係——なかでも親族関係——のなかに埋めこまれた形で進行せざるをえない。私がここで社会関係と呼ぶものはエティックなカテゴリーの集積体である。親族関係の究極的な土台は生殖という自然史的行為と結婚という社会史的行為との重合である（野家1993）。言語コミュニケーションを社会関係と不可分な現象として分析するかぎり、その根底にはつねに身体と性が横たわっている。

次に注目したいのは、ある談話がつねに別の談話群と相互参照の関係に置かれているという点である。この条件がもっとも鋭く現れるのが、「過去の

出来事を再現する」ことへと語り手が身をのりだすときである。4.2 で呈示した【逸話1】【逸話2】を私がもし知らなかったら、ライオンが人を殺したという出来事に関するきわめて偏った異伝をツェネから聞き出すだけで終わっていただろう。談話分析の根幹に転写資料という文字テクストを作成する作業があるかぎり、外延があらかじめ確定されていない無数のテクスト群をめぐる解釈学的循環のなかを分析者が彷徨することは避けられない。1994年に初めて私が敬愛する年長者シエクエにマイクを向けた時点では、私は、小論で言及したような事例を何ひとつ知らなかった。談話が積み重なるそのたびごとに、今までに収録した談話が新しい光で照らされ、談話分析の理論的枠組それ自体も徐々に変容してゆく。もちろん、あらゆる人間の実践と同じく私個人の手による談話分析もいつかは終わらねばならない。その意味で、解釈学的循環の外延は無限に膨張するわけではない。しかし、ある出来事をめぐる微細な変異を含んだ複数の異本を重ね合わせ、そこから不変項を抽出する明証的な方法を確立しないかぎり、談話から客観的な真実としての「出来事の歴史」を再構成することは不可能だろう。これは今後の探究に課せられた課題である。小論から浮かびあがった言語人類学レッスン最大のアポリアについては、小節を改めて論じる。

5.2　意味論的な探究の挫折

　小論で呈示した談話分析が私の今までの研究のなかで特異な位置を占めるのは、キマという民俗概念を解明するという明確な戦略的見通しをもって私が会話の場に臨んでいたところにある。それは、男性中心主義的な視点から脱却してキマを理解するためには、どうしても女自身の思想を把握する必要があるという、自分としては珍しくまっとうな目的意識に立ってのことであった。だが、このもくろみは無残な失敗に終わった。なぜ、私は中川の釈義をツェネあるいは調査助手たちから引きだすことができなかったのか。第一に想定される挫折の原因は単純である。中川が重用してきた調査助手たちが、わが調査助手たちよりも抽象的思考に長けていたこと、また正確無比なグイ語を操る中川のほうが、私よりも意味論的な内包を確定する技倆を身に

つけていたということである。

　だが、私は、キマという概念の内包を確定することに失敗したプロセスそれ自体が、言語コミュニケーションのダイナミズムを理解するという課題にとって、本質的な意味をもつと考える。身体化された言語を日々操っている私たちすべてが、じつは意味論的な内包を曖昧にしたまま、つつがなくコミュニケーションしているのではなかろうか。言語の本質は超越的な規則（コード）にあるのではなく使用にこそある、という洞察こそウィトゲンシュタインの言語ゲーム論の眼目であった（ウィトゲンシュタイン 1976）。母語社会あるいは英語圏から例を挙げれば、私たちは性的な「誘惑」(seduction)という行為の内包など知らずに、実践の現場で誘惑したりされたりしているのである。ラドリーが引いている「性的戯れ」(flirting)の例はこのことを鮮やかに示している（Radley 2003）。――女は男の両腕にたくさんの本を抱えさせ、自分は懐中電灯をかざして、暗い庭をつっきって離れに向かう。ドアの前で鍵を取り出す必要に迫られた女は、両手がふさがっている男の口に懐中電灯を咥えさせ、手もとを照らすよう促す。――行為の意味論とは、具体的なコミュニケーションのダイナミックな進行のさなかで、家族的類似によって繋がれる外延的な事例（トークン）をほぼ無限に許容するような、柔軟性を具えたカテゴリー形成なのである。

5.3　関係性の現成

　小論で分析した談話は、私の意図とは無関係に、豊かな「語りの表情」を現出させた。それこそ、ツェネの笑いであった。笑いこそ、言語コミュニケーションの内部に突発的に湧き出る、身体化のもっとも鮮烈な表現である。笑いの謎はあまりにも深遠なので、ここでの考察は予備的ではあるが、今後の探究の橋頭堡となることを願って記しておく。

　2節の⑦で言及した冗談／忌避関係のモデルに従えば、ここに現出したコミュニケーションのダイナミズムそれ自体が驚くべきものである。なぜなら、中川が今までに注意を払ってきたように、グイの社会には、男女が共在する場において性的な羞恥をかき立てるような語句を口にしない、という微

妙な規範があるからだ。さらに、もうひとつ深刻な事実がある。グイは、親族関係のうえである特定の位置にある相手に対して遠慮ぶかく控えめにふるまうという規律を発達させている（すなわち従来言われてきた忌避関係である）。グイ語の初心者であった頃から、私は、そのような遠慮の原型は、姻族、とくにエゴにとっての義理の父母に向けられるものであることに気づいていた。それゆえ、タブーカの「猥談」じみた発話は二重に逸脱している。年長の女の前で彼は慎みぶかくふるまうべきであるのに、女性器をさらすことに露骨に言及した。しかも、ツェネは彼がもっとも畏れ敬うべき義母であり、「女性器を見る機会があれば、口惜しいけれど心良い」などとは口が裂けても言えないはずだ。だが、現実には、タブーカは調子にのり、ツェネは笑いころげた。

　前述したように、社会関係とは制度化された自然史的・社会史的事実の上に構築されるエティックなカテゴリーの網の目である。だが、人は社会関係に埋めこまれた規律につねに従って自動的に行為を選択するわけではない。コミュニケーションのダイナミズムに半ば偶発的に翻弄されるような形で、人は「今ここ」の場に関係性を現成する。ここで関係性と私が呼ぶものは、もっとも素朴な意味では、当事者自身がイーミックに知覚する相手に対する親和や反撥である。妻に先立たれて20年の歳月が過ぎたから、ツェネはもはやタブーカの義母とは位置づけられていないのかもしれない。けれど、そのような社会関係上の要因を持ち出しても、私たちは「今ここ」に現成したコミュニケーションの愉悦を了解したことにはならない。コミュニケーションのダイナミズムは参与者が予想もしなかったような形で身体性を喚起するのである。どんな社会でも、性器は隠されているからこそ欲望をかき立てる。しかも、「今ここ」の場に現成する、ある種の親和的な関係性においては、そうした性器について言及することが笑いを喚起する。笑いとはすなわち身体の奥底から湧きあがる振動のことである。

参考文献

Barnard, Alan. (1992) *Hunters and Herders of Southern Africa: a Comparative Ethnography of*

the Khoisan Peoples. Cambridge/New York: Cambridge University Press.
Foley, William A. (1997) *Anthropological Linguistics: an Introduction.* Malden and Oxford: Blackwell.
今村薫(1992)「セントラル・カラハリ・サンにおける採集活動」『アフリカ研究』41: pp.47–73.
Marshall, Lorna J. (1976) *The !Kung of Nyae Nyae.* Massachusetts: Harvard University Press.
丸山淳子(2010)『変化を生きぬくブッシュマン―開発政策と先住民運動のはざまで』世界思想社
Moerman, Michael. (1988) *Talking Culture: Ethnography and Conversation Analysis.* Philadelphia: University of Pennsylvania Press.
中川裕(1993)「グイ語調査初期報告」『アジア・アフリカ文法研究』22: pp.55–92.
Nakagawa, Hiroshi. (1996) An Outline of |Gui Phonology. *African Study Monographs, Supplementary Issue* 22: pp.101–124.
中川裕(2004)「グイ語の正書法改訂案」『東京外国語大学論集』67: pp.125–130.
野家啓一(1993)『言語行為の現象学』勁草書房
Ōno, Hitomi. (1996) An Ethnosemantic Analysis of |Gui Relationship Terminology. *African Study Monographs, Supplementary Issue* 22: pp.125–143.
Radley, Alan. (2003) Flirting. In Justine Coupland and Richard Gwyn (eds.), *Discourse, the Body, and Identity*, pp.70–86. New York: Palgrave Macmillan.
清水昭俊(1987)『家・身体・社会―家族の社会人類学』弘文堂
Silberbauer, George B. (1981) *Hunter and Habitat in the Central Kalahari Desert.* Cambridge: Cambridge University Press.
菅原和孝(1993)『身体の人類学―カラハリ狩猟採集民グウィの日常行動』河出書房新社
菅原和孝(1998a)『語る身体の民族誌―ブッシュマンの生活世界Ⅰ』京都大学学術出版会
菅原和孝(1998b)『会話の人類学―ブッシュマンの生活世界Ⅱ』京都大学学術出版会
菅原和孝(2002)「身体化された思考―グイ・ブッシュマンにおける出来事の説明と理解」田辺繁治・松田素二編『日常的実践のエスノグラフィー』pp.61–86. 世界思想社
菅原和孝(2004a)『ブッシュマンとして生きる―原野で考えることばと身体』中央公論新社
菅原和孝(2004b)「失われた成人儀礼ホローハの謎」田中二郎・佐藤俊・菅原和孝・太田至編『遊動民』pp.124–148. 昭和堂

菅原和孝 (2006)「喪失の経験、境界の語り―グイ・ブッシュマンの死と邪術の言説」田中雅一・松田素二編『ミクロ人類学の実践―エイジェンシー／ネットワーク／身体』pp.76–117. 世界思想社

菅原和孝 (2012)「動物と人間の接触領域における不可視の作用主―狩猟採集民グイの談話分析から」『Contact Zone コンタクト・ゾーン』5: pp.19–61.

Sugawara, Kazuyoshi. (2012) Interactive Significance of Simultaneous Discourse or Overlap in Everyday Conversations among |Gui Former Foragers. *Journal of Pragmatics* 44: pp.577–618.

菅原和孝 (2013a)「身体化の人類学へ向けて」菅原和孝編『身体化の人類学―認知・記憶・言語・他者』pp.1–40. 世界思想社

菅原和孝 (2013b)「『原野の人生』への長い道のり―フィールドワークはどんな意味で直接経験なのか」『文化人類学』78(3): pp.323–344。

菅原和孝 (2015)『狩り狩られる経験の現象学―ブッシュマンの感応と変身』京都大学学術出版会

Tanaka, Jiro. (1980) *The San, Hunter-Gatherers of the Kalahari: a Study in Ecological Anthropology*. Tokyo: University of Tokyo Press.

田中二郎 (1990 / 1971)『ブッシュマン―生態人類学的研究』(第三版) (初版 1971) 思索社

田中二郎 (1994)『最後の狩猟採集民―歴史の流れとブッシュマン』どうぶつ社

Varela, Francisco, Thompson, Evan, and Rosch, Eleanor. (1991) *The Embodied Mind: Cognitive Science and Human Experience*. Massachusetts: The MIT Press

ウィトゲンシュタイン・ルードウィッヒ　藤本隆志訳 (1976)『哲学探究』大修館書店

索引

B
Bakhtin, Mikhail M.　108
Bateson, Gregory　106

C
co-construction　6
constructed dialogue　108

E
emotive 構文　73, 74

I
'I'　31

L
layering　76

P
persistence　76

R
reduplication　71, 78, 80
represented discourse　108

Y
'you'　31

あ
赤ん坊用語(baby talk)　31
遊び(play)　106
遊び心での即興劇　105
「あなた」　30, 32
アメリカ人、日本人の言語行動の特徴　9

い
一人称詞　19, 20, 31, 32
一人称詞の歴史的変遷　18
因果論　147
姻族　169
インタビュー　142, 166
イントネーションユニット　109

う
ヴォイス(voice)　108
ウチとソト、ヨソ　23

え
英語会話　2
エスノメソドロジー　142
婉曲語法　33

お
オートポイエーシス　140
「おのれ」　18
「おれ」　16

か
解釈学的循環　167
会話分析　142
仮想現実　108

課題達成という共同作業（タスク）　2
語り　142
語る文化　28
ガナ　141, 148
家内的領域　159
「かなた」　32
関係志向的　23
関係性　169
間投詞　144
完備パラダイム　144
緩和表現を伴う陳述文　3, 4, 30

き

基本的用法　31
キマ（民族概念）　147–149
「きみ」　30
疑問形　4, 5
キャラクタ　108
共感　69, 70, 72, 74, 78, 80, 98, 102
共感的同一化（empathetic identification）　13
共創的コミュニケーション　33
協調姿勢　166
響鳴／共鳴（resonance）　66, 71, 109
局在的自己　26
虚構的用法（fictive use）　31

く

繰り返し／くり返し　6–8, 30, 51, 102
クリック吸入音　143

け

月経　147, 148
言語形式とその直接性　5
言語ゲーム　168
現成　140, 169

こ

コイサン諸語　141, 143
語彙的反応表現　77
交叉イトコ　146, 150
構造的カップリング　140
公的領域　159
語順の逆転　51
呼称　12
呼称の基本的用法　12
「こなた」　14, 19, 32
固有名詞　11
語用論　139
コンテクスト化の合図　107

し

〈自我〉ego　24, 25
〈自己〉self　24, 27
自己規定　21
自己と他者　27
自己と他者の捉え方　22
自己同一化　20, 21, 31
指示詞　32
自称詞　13, 31
自他融合　33
自他融合的　20, 26, 28
自他融合的な自己と他者　11, 14
「自分」　17, 19
社会関係　166, 169
社会文化的コンテクスト　40, 42, 46–49, 55, 56, 57, 58
終助詞　51, 56
主客合一　25
主客合一的自己観　28
主客合一的事態把握　33
主客対立的事態把握　33
主客未分　25
主客未分的　33
主語論理　34

呪詛　145, 148, 152
主体（主観）　25
主体の論理　27
述語論理　34
狩猟採集　141, 144
冗談　88
冗談／忌避関係　146, 168
職名　11, 31
食物禁忌　145, 147, 156, 159
上昇イントネーションを伴う陳述文　4
初潮儀礼　146, 149, 152
親族関係　166
親族名称　11, 13, 31, 146
身体化　140, 168
身体性　169

す

スピーチスタイル　107
スピーチスタイルの仮想的用法　108
スピーチスタイルの響鳴　109

せ

正書法　143
成人儀礼　160
制度的役割　98
絶対的自己規定　20, 23
接尾辞　144
セリフ　108
潜在的レパートリー　108

そ

相互協調的（interdependent）　23
相互協調的自己観（interdependent view of the self with others）　23
相互行為の様態　2
相互参照　166
相互独立的（independent）　23
相互独立的自己観（independent view of the self with others）　23
創造的引用　108
相対的自己規定　24
相補的スピーチスタイルの響鳴　120
「そち」　19
即興劇モデル　26
「そなた」　19, 32
それぞれの言語における疑問文　3
存在動詞　66, 77

た

ダイアグラフ（diagraph）　109
待遇価値　32
対象依存型　20, 24
対称詞　13, 31
対話する言語文化　2, 28
対話性（dialogicality）　109
対話統語論（dialogic syntax）　109
タブー　33
タブー型変化　19, 33
男性中心的イデオロギー　148

ち

調（key）　111
直示的な用語（deictic terms）　32
直接話法　150
陳述形式による疑問文　3
陳述文　3, 4, 5

て

定型化　81
定型性　81
ディスコース・マーカー　51
丁寧さのレベル（politeness levels）　19
出来事の歴史　167
「てまえ」　16, 19

転写資料　167

と

統辞　144
同時発話　165
同内容同時発話　6, 7
動物認識　145
共に語る言語文化　2

な

内包（意味論的な）　168
「な」「なれ」「なんじ」　15

に

二重ヴォイス（double-voicedness）　108
二重生命　26, 33
日常会話　142
二人称詞　18–20, 31, 32
日本語会話　2
日本語の自称詞　31
日本人の相互行為　22
二領域モデル（卵モデル）　26
人称詞　11, 17
人称代名詞　143

は

「場」　26–28, 33
場所　25
場所の論理　27
発話行為　80
「場」の考え方　29
「場」の理論　34
反応表現　64–66, 77, 79

ひ

非相称的　31
表象主義　139

ふ

不可視の作用　147
ブッシュマン　141
プレイ（play）　85, 90, 106
フレーミング　107
フレーミングの手段　107
フレーム　86, 100, 107
文法化　76, 77

へ

平行イトコ　146
遍在的自己　26

ほ

「僕」　18

み

ミクロとマクロの融合　133
ミスター・オー・コーパス　2, 29
身ぶり　94, 99
民俗免疫学　158

め

メタ的　92, 94
メタメッセージ　107, 130

や

役割語　108

ゆ

誘惑　168

り

リレー発話　6

れ

歴史的変遷　19

わ

若者言葉　114
笑い　168, 169
「われ」　15, 18, 19, 33

執筆者紹介 (掲載順 ＊は編者)

藤井洋子(ふじい　ようこ)＊
日本女子大学大学院文学研究科英文学専攻博士課程前期修了(修士)。米国オレゴン大学言語学科修士課程修了(修士)。放送大学助教授を経て、現在、日本女子大学文学部英文学科教授

　(主編著・主論文)「課題達成過程における相互行為の言語文化比較―日本語・韓国語・英語の比較分析―」井出祥子・藤井洋子共編『解放的語用論への挑戦―文化・インターアクション・言語―』(くろしお出版)(2014)、「日本語の語順の逆転について―会話の中の情報の流れを中心に―」『日英語の右方移動構文―その構造と機能―』(ひつじ書房)(1995)、「＊骨をこわす vs. break the bone　認知カテゴリーと文法項目のタイポロジー」『講座社会言語科学　第1巻　異文化とコミュニケーション』(ひつじ書房)(2005)、"Differences of situating Self in the place/*ba* of interaction between the Japanese and American English speakers." *Journal of Pragmatics* Vol.44 (2012) などがある。

成岡恵子(なるおか　けいこ)
日本女子大学大学院文学研究科博士課程前期修了(修士)。米国カーネギー・メロン大学大学院英語学科修了(修士)。日本女子大学大学院文学研究科博士課程後期修了(博士)。現在、東洋大学法学部法律学科准教授

　(主論文)"The interactional functions of the Japanese demonstratives in conversation." *Pragmatics* Vol.16, No.4. (2006)、"Expressive functions of Japanese adnominal demonstrative 'konna/sonna/anna'." *Japanese/Korean Linguistics* Vol.13. (2008)、"Toward meanings of expressive indexicals: The case of Japanese demonstratives *konna/sonna/anna*." *Journal of Pragmatics* Vol.69 (2014)などがある。

鈴木亮子(すずき　りょうこ)
日本女子大学文学研究科博士課程前期修了(修士)のち後期満期退学。米国南カリフォルニア大学大学院言語学科(M.A.)およびカリフォルニア大学サンタバーバラ校言語学科修了(Ph.D.)。現在、慶應義塾大学経済学部教授

　(主編著・主論文) *Subordination in conversation: A cross-linguistic perspective*. (Ritva Lauryと共編著) (John Benjamins) (2011)、"(Inter)subjectification in the quotative *tte* in Japanese conversation: Local change, utterance-ness and verb-ness." *Journal of Historical Pragmatics* Vo1.8, No.2 (2007)、"Quoting and topic-marking: Some observations on the quotative *tte* construction in Japanese." In Ritva Laury (ed.), *Crosslinguistic Studies of Clause Combining: The multifunctionality of conjunctions* (2008) などがある。

熊谷智子(くまがい　ともこ)
東京外国語大学大学院修士課程(外国語学研究科日本語学専攻)修了(博士)。国立国語研究所主任研究員を経て、現在、東京女子大学現代教養学部人間科学科言語科学専攻教授

　(主編著・主論文)『三者面接調査におけるコミュニケーション―相互行為と参加の枠組み―』(木谷直之と共著)(くろしお出版)(2010), "The role of repetition in complaint conversations." *Hidden and Open Conflict in Japanese Conversational Interaction*(くろしお出版)(2004),「質問者に直接返されない〈回答〉―三者面接調査における連鎖交渉―」『社会言語科学』Vol.12, No.1 (2009),「敬語のイメージの世代差―大学生の「です・ます」への意識を中心に―」『待遇コミュニケーション研究』No.8 (2011),「日本語の「謝罪」をめぐるフェイスワーク―言語行動の対照研究から―」『東京女子大学比較文化研究所紀要』No.74 (2013) などがある。

高梨博子(たかなし　ひろこ)*
日本女子大学大学院文学研究科博士課程前期修了(博士)。カリフォルニア大学サンタバーバラ校言語学科修了(Ph.D.)。現在、日本女子大学文学部英文学科准教授

　(主論文) "Complementary stylistic resonance in Japanese play framing." Special issue on Reframing framing: Interaction and the constitution of culture and society, *Pragmatics* 21 (2011), "Orthographic puns: The case of Japanese *kyoka*." *International Journal of Humor Research* 20 (2007), "Stance differential in parallelism: Dialogic syntax of argumentation in Japanese." *Pragmatics* in 2000: Selected papers from the seventh International Pragmatics Conference, Vol. 2 (2001) などがある。

菅原和孝(すがわら　かずよし)
京都大学大学院理学研究科博士課程修了(博士)。京都大学大学院人間・環境学研究科教授を経て、同大学名誉教授

　(主著書・主編著)『身体の人類学―カラハリ狩猟採集民グウィの日常行動―』(河出書房新社)(1993),『語る身体の民族誌―ブッシュマンの生活世界Ⅰ―』(京都大学学術出版会)(1998),『会話の人類学―ブッシュマンの生活世界Ⅱ―』(同上)(1998),『もし、みんながブッシュマンだったら』(福音館書店)(1999),『感情の猿＝人』(弘文堂)(2002),『ブッシュマンとして生きる―原野で考えることばと身体―』(中央公論新社)(2004),『ことばと身体―「言語の手前」の人類学―』(講談社)(2010),『狩り狩られる経験の現象学―ブッシュマンの感応と変身―』(京都大学学術出版会)(2015),『コミュニケーションとしての身体(叢書・身体と文化 2)』(大修館書店)(1996),『フィールドワークへの挑戦―〈実践〉人類学入門―』(世界思想社)(2006),『身体資源の共有(資源人類学 09)』(弘文堂)(2007),『身体化の人類学―認知・記憶・言語・他者―』(世界思想社)(2013) などがある。

【監修者】

井出祥子（いで さちこ）
日本女子大学名誉教授

藤井洋子（ふじい ようこ）
日本女子大学教授

シリーズ　文化と言語使用 1
コミュニケーションのダイナミズム―自然発話データから

The Hituzi Series on Culture and Language Use (Volume 1)
Dynamics of Communication: Analyses of Natural Discourse
Edited by Yoko Fujii and Hiroko Takanashi
(Series Editors, Sachiko Ide and Yoko Fujii)

発行	2016 年 3 月 18 日　初版 1 刷
定価	2600 円＋税
監修者	井出祥子・藤井洋子
編者	Ⓒ 藤井洋子・高梨博子
発行者	松本功
装丁者	大崎善治
組版者	株式会社 ディ・トランスポート
印刷・製本所	株式会社 シナノ
発行所	株式会社 ひつじ書房

〒 112-0011 東京都文京区千石 2-1-2　大和ビル 2 階
Tel.03-5319-4916　Fax.03-5319-4917
郵便振替 00120-8-142852
toiawase@hituzi.co.jp　http://www.hituzi.co.jp/

ISBN978-4-89476-791-1

造本には充分注意しておりますが、落丁・乱丁などがございましたら、小社かお買上げ書店にておとりかえいたします。ご意見、ご感想など、小社までお寄せ下されば幸いです。

[刊行のご案内]

雑談の美学　　言語研究からの再考
村田和代・井出里咲子編　定価 2,800 円＋税

雑談とは何か？　雑談とそうでないものの境界線は？　鮨屋、演説、ゴシップ、LINE、チャット、手話による雑談的相互行為まで。人間社会を形づくる日常生活の様々な雑談を科学する。執筆者：東照二、井出里咲子、大津友美、岡本能里子、片岡邦好、白井宏美、菅原和孝、筒井佐代、平本毅、坊農真弓、堀田秀吾、村田和代、山内裕、山口征孝

日本語語用論フォーラム１
加藤重広編　定価 4,800 円＋税

日本語の文法的研究と語用論的研究が通じ合う広場（フォーラム）となることを目指し、最新の研究を紹介する論文集。第１巻では、理論・事例研究の双方から最新の成果を掲載。執筆者：天野みどり、尾谷昌則、呉泰均、加藤重広、澤田淳、首藤佐智子、滝浦真人、名嶋義直、山泉実